Le plan du millionnaire de Tony

Libérer de la richesse avec la loi de l'attraction

Tony Tushar Popat

Préface

Salut! Ce livre a été initialement écrit en anglais puis traduit dans d'autres langues. Si vous lisez ce livre dans une autre langue, je voulais que vous sachiez que j'ai utilisé un logiciel de traduction pour le traduire dans votre langue. Je voulais juste vous avertir qu'il n'est peut-être pas précis à 100 % et qu'il peut contenir des erreurs. Si vous rencontrez des erreurs, n'hésitez pas à me le faire savoir ! Mon objectif principal est de partager mes connaissances avec le plus grand nombre de personnes possible qui ne sont peut-être pas capables de lire ou de comprendre mon livre en anglais. J'apprécie vraiment votre patience et votre compréhension, et je tiens à m'excuser par avance pour tout inconvénient causé par les erreurs de traduction. Merci beaucoup pour votre soutien!

C'est pour moi un grand plaisir de vous présenter ce livre qui, je pense, sera une lecture éclairante et inspirante pour toute personne intéressée par le développement et la croissance personnels. Les idées présentées dans ce livre sont basées sur la conviction que nous avons tous le pouvoir en nous de créer la vie que nous voulons et d'atteindre nos objectifs et nos rêves.

Le livre explore les principes de la loi de l'attraction et comment nous pouvons l'utiliser pour attirer des expériences et des résultats positifs dans nos vies. Il fournit des conseils pratiques et des exercices pour aider les lecteurs à exploiter le pouvoir de leurs pensées et de leurs émotions et à les utiliser pour créer la réalité qu'ils désirent.

J'ai écrit ce livre dans le but de fournir un guide clair et accessible sur la loi de l'attraction. Que vous soyez nouveau dans ce concept ou que vous l'exploriez déjà depuis un certain temps, j'espère que vous trouverez ce livre informatif et stimulant.

À travers les pages de ce livre, je vous invite à me rejoindre dans un voyage de découverte de soi, où nous explorerons les principes de la loi de l'attraction et apprendrons comment les appliquer dans notre vie quotidienne. Je crois qu'en comprenant et en pratiquant ces principes, nous pouvons créer une vie pleine de joie, d'abondance et d'épanouissement.

J'espère sincèrement que ce livre sera une ressource précieuse pour vous et qu'il vous incitera à agir pour atteindre vos objectifs et vivre la vie que vous désirez vraiment. Merci d'avoir pris le temps de lire ce livre et je vous souhaite tout le meilleur dans votre voyage de découverte de soi et de croissance personnelle.

Accueillir

Bienvenue dans mon livre ! Je m'appelle Tony Tushar Popat et je suis ravi de partager mon histoire et mes idées avec vous. Ce livre est le point culminant de mes expériences de vie et de mon cheminement vers la réussite et le bonheur.

Objectif du livre :

Le but de ce livre est d'inspirer et de motiver les lecteurs à atteindre leurs objectifs et leurs rêves. Je crois que tout le monde a le potentiel de mener une vie épanouie, mais souvent, nous sommes freinés par nos croyances limitantes et nos circonstances. À travers ce livre, mon objectif est de partager les principes et les techniques qui m'ont aidé à surmonter mes défis et à réussir.

Public cible:

Ce livre s'adresse à tous ceux qui ont du mal à trouver une direction dans leur vie ou qui recherchent des conseils sur la façon de surmonter les obstacles et de réussir. Que vous soyez étudiant, professionnel, entrepreneur ou quelqu'un cherchant à changer sa vie, ce livre est fait pour vous.

À quoi s'attendre:

Dans ce livre, je partage mon parcours personnel vers le succès et le bonheur, ainsi que les leçons que j'ai apprises en cours de route. Vous découvrirez la loi de l'attraction et comment l'utiliser pour manifester vos désirs, le pouvoir de la pensée positive, l'importance de se fixer des objectifs et comment développer un état d'esprit de croissance.

Vous découvrirez également les défis auxquels j'ai été confronté en grandissant dans une famille de la classe moyenne en Inde, mes difficultés financières et comment je les ai surmontés pour bâtir une entreprise prospère. Je partagerai mes idées sur l'entrepreneuriat, le leadership et l'importance de prendre des risques calculés.

Conclusion:

J'espère que ce livre vous inspirera et vous motivera à agir pour atteindre vos objectifs et vos rêves. N'oubliez pas que le succès ne s'obtient pas du jour au lendemain, mais un voyage qui nécessite de la persévérance, un travail acharné et un état d'esprit positif. Alors embarquons ensemble dans ce voyage et je vous promets que vous ne le regretterez pas.

Table des matières

A propos de l'auteur

Le nom de l'auteur est Tushar Popat, également connu sous le nom de Tony : une histoire de surmonter des difficultés financières et d'adopter la loi de l'attraction.

Né en 1970 à Mumbai, en Inde, il a grandi dans une famille de classe moyenne. Finalement, ils ont déménagé dans la ville de Surat, dans l'État du Gujarat, sur la côte ouest de l'Inde. La vie était dure pour lui et sa famille. Son père a tenté plusieurs entreprises tout au long de sa vie, mais la plupart d'entre elles ont échoué, couvrant à peine les dépenses du ménage. Malgré cela, ses parents croyaient en la valeur d'une bonne éducation et l'envoyaient, lui et ses frères et sœurs, dans la meilleure école de la ville, même s'ils ne pouvaient pas se permettre les frais de scolarité élevés d'une école de langue anglaise. Beaucoup d'autres mettraient leurs enfants dans des écoles de langue locales, mais ses parents voulaient qu'ils reçoivent la meilleure éducation possible.

Ses parents pensaient qu'avec une bonne éducation, leurs enfants auraient une vie meilleure et un avenir meilleur. Ils avaient raison, car tous les enfants vont bien maintenant. Cependant, leur voyage ne s'est pas déroulé sans difficultés. Ils ont dû surmonter les ombres de la malchance de leurs parents, du moins le pensaient-ils, jusqu'à ce qu'ils découvrent le pouvoir de la loi de l'attraction.

Il a adopté la loi de l'attraction, selon laquelle les pensées positives peuvent conduire à des résultats positifs. En se concentrant sur des pensées et une énergie positives, il a pu surmonter les difficultés financières de son passé et réussir dans sa vie. Il attribue une grande partie de son succès à son état d'esprit et au pouvoir de la pensée positive.

Malgré les défis auxquels il a été confronté au début de sa vie, il a persévéré et a réussi grâce à son travail acharné, sa détermination et une attitude positive. Son histoire sert d'inspiration à ceux qui ont du mal à surmonter les obstacles dans leur propre vie. Avec le bon état d'esprit et une croyance dans la loi de l'attraction, n'importe qui peut réaliser ses rêves et vivre une vie épanouie.

Chapitre 1 Introduction.

A. Aperçu de la loi de l'attraction

La loi de l'attraction est un concept puissant qui stipule que ce qui se ressemble s'attire. En d'autres termes, vos pensées et émotions ont un impact direct sur ce que vous attirez dans votre vie. Cela inclut vos expériences, vos relations, votre situation financière et votre bien-être général.

Selon la loi de l'attraction, l'univers répond constamment à vos pensées et émotions et vous renvoie des expériences et des situations qui correspondent à votre vibration ou fréquence dominante. Ainsi, si vous pensez constamment au manque et à la rareté, vous en attirerez davantage dans votre vie. Mais si vous vous concentrez sur l'abondance et la positivité, vous en attirerez également davantage dans votre vie.

L'un des principes clés de la loi de l'attraction est que vous êtes le créateur de votre propre réalité. Vos pensées et vos émotions façonnent vos expériences et déterminent ce que vous attirez dans votre vie. En prenant le contrôle de vos pensées et de vos émotions, vous pouvez commencer à créer la réalité que vous souhaitez.

La loi de l'attraction a été abordée dans diverses traditions spirituelles et philosophiques et a été popularisée ces dernières années à travers des livres, des films et des séminaires. Bien que le concept puisse paraître simple, il peut être difficile à mettre en pratique, surtout si vous avez des croyances limitantes de longue date ou des schémas de pensée négatifs.

Dans ce livre, nous explorerons la loi de l'attraction plus en détail et vous proposerons des étapes pratiques et concrètes que vous pouvez suivre pour commencer à l'appliquer dans votre propre vie. Que vous souhaitiez attirer plus de richesses, améliorer vos relations ou réaliser vos rêves, la loi de l'attraction peut vous aider à y parvenir.

B. La mentalité millionnaire

La mentalité millionnaire fait référence aux croyances, attitudes et habitudes communes aux individus riches et prospères. Ces personnes pensent et agissent différemment de la personne moyenne et abordent la vie et les affaires avec un ensemble unique de principes et de stratégies.

L'un des éléments clés de l'état d'esprit millionnaire est l'accent mis sur l'abondance et la positivité. Les millionnaires croient qu'il y en a toujours assez et ils abordent la vie avec un sentiment d'abondance et de gratitude. Ils ont également un état d'esprit de croissance, ce qui signifie qu'ils croient qu'ils peuvent toujours apprendre et grandir, et que leur réussite n'est pas limitée par leur situation ou leurs capacités actuelles.

Un autre aspect important de l'état d'esprit millionnaire est un fort sentiment de conscience de soi et de responsabilité personnelle. Les millionnaires s'approprient leur vie et leurs résultats, et ils n'ont pas peur de prendre des risques et de poursuivre leurs passions. Ils sont également résilients et savent comment surmonter les revers et les défis avec détermination et persévérance.

En plus de ces traits clés, les millionnaires ont également des habitudes et des routines spécifiques qui les aident à maintenir leur succès. Ceux-ci peuvent inclure des choses comme l'exercice régulier, la méditation, l'établissement d'objectifs, ainsi que l'apprentissage et la croissance continus.

En adoptant l'état d'esprit millionnaire, vous pouvez commencer à penser et à agir comme un individu riche et prospère. Cela vous aidera non seulement à attirer plus d'abondance et de prospérité dans votre vie, mais cela vous aidera également à mener une vie plus épanouissante et plus significative. Donc si vous voulez devenir millionnaire, la première étape est d'adopter l'état d'esprit millionnaire.

C. Manifestez vos rêves : le parcours de Bianca pour gagner une voiture

Voici l'histoire de Bianca qui fait partie de ses proches. Elle habite Mumbai et est allée avec son mari et son fils dans sa maison de vacances, un bungalow à Lonavala, une station de montagne pittoresque à la périphérie de la ville. Un jour, alors que son mari faisait des courses, elle reçut un appel téléphonique inattendu d'un représentant d'une chaîne de télé-achat. L'appelant l'a informée qu'elle avait gagné une voiture de Tata Motors, l'un des principaux constructeurs automobiles indiens. Bianca était ravie et ne pouvait pas croire à sa chance. L'appelant lui a demandé ses coordonnées bancaires afin qu'ils puissent transférer le prix de 1,2 million INR si elle préférait cela plutôt que la voiture.

Bianca hésitait à partager ses coordonnées bancaires avec un inconnu, car son mari l'avait toujours mise en garde contre de tels appels. Elle a demandé à l'appelant d'attendre dix minutes jusqu'à ce que son mari rentre à la maison, puis elle leur fournirait les détails de son compte. L'appelant a accepté et a promis de rappeler dans dix minutes.

Bianca pouvait à peine contenir son enthousiasme et a immédiatement appelé son mari pour lui annoncer l'incroyable nouvelle. Lorsqu'il est rentré chez lui, elle lui a tout raconté et ils ont tous deux commencé à planifier comment ils allaient utiliser l'argent du prix. Cependant, son mari l'a avertie que l'appel était probablement une arnaque et qu'il ne fallait pas lui donner trop d'espoir. Elle a d'abord rejeté ses soupçons, car l'appelant avait fourni des détails précis sur son achat sur le canal commercial.

Néanmoins, par mesure de sécurité, Bianca a appelé la chaîne de télé-achat pour vérifier les affirmations de l'appelant. À sa grande consternation, elle a appris que l'appel était bel et bien une arnaque. La chaîne organisait alors une promotion et le premier prix était un scooter, pas une voiture. De plus, le gagnant du scooter le recevrait en personne, en direct à la télévision, pour prouver l'authenticité de la promotion.

Après cette expérience, Bianca pensait que ses chances de gagner une voiture étaient nulles mais elle n'a jamais abandonné dans son cœur. Cela faisait longtemps qu'elle rêvait de posséder une toute nouvelle voiture. Elle a visualisé chaque détail, de l'odeur d'une voiture neuve à la sensation de la conduire tous les jours, au travail et au shopping, et partout. Elle passait souvent du temps à s'imaginer conduire la voiture, sentant le vent dans ses cheveux et la joie dans son cœur. Et le sentiment de gagner une nouvelle voiture gratuitement était quelque chose dont elle ne pouvait que rêver jusqu'à présent.

Elle avait toujours voulu posséder un Mahindra XUV 500. Elle a donc économisé son argent et en a finalement acheté un. Lors de la négociation des accessoires, la représentante commerciale lui a montré un concours pour postuler en ligne, ce qu'elle a fait après avoir acheté la voiture à son retour chez elle avec l'aide de son fils.

Trois mois plus tard, elle reçoit un appel téléphonique qui va changer sa vie. Il s'agissait de l'agent commercial du concessionnaire automobile avec lequel ils négociaient. Il l'a informée qu'elle avait remporté le premier prix dans un concours parrainé par l'entreprise et que le prix était un tout nouveau Mahindra KUV 100 !

Bianca était initialement sceptique, mais l'agent commercial lui a envoyé un e-mail confirmant sa victoire, et elle a été ravie d'apprendre qu'elle avait effectivement gagné une voiture. La voiture était une Mahindra KUV 100, et c'était un SUV compact parfait pour elle et son fils, tandis que le plus grand XUV 500 peut être utilisé par son mari. Même s'ils devaient encore payer les taxes, la voiture était gratuite.

Lorsqu'elle a finalement remporté une voiture lors d'un concours parrainé par l'entreprise, elle était ravie et reconnaissante. Son rêve était enfin devenu réalité et elle savait que ses ondes positives et sa croyance dans la capacité de l'univers à manifester ses désirs avaient joué un rôle important dans sa victoire. C'était un rappel que le pouvoir de la pensée positive peut rendre tout possible.

Bianca attribue sa chance à la loi de l'attraction. Elle pensait que ses ondes positives et son enthousiasme à l'idée de gagner une voiture avaient envoyé un message à l'univers, et cela s'était manifesté sous la forme de sa victoire. Elle a partagé son histoire avec de nombreuses personnes, et certaines d'entre elles ont suivi son exemple de pensée positive et ont connu la même chance.

En conclusion, l'histoire de Bianca nous apprend à être prudent lorsque nous recevons des appels téléphoniques non sollicités d'étrangers prétendant nous offrir des prix ou des avantages. Cependant, cela nous montre également le pouvoir de la pensée positive et de la croyance en la capacité de l'univers à manifester nos désirs.

Chapitre 2. Comprendre le pouvoir des pensées

A. La science de l'attraction : comprendre la science derrière la loi de l'attraction

La loi de l'attraction est souvent considérée comme un concept spirituel ou philosophique, mais son fonctionnement repose en réalité sur une base scientifique. Ces dernières années, le domaine de la physique quantique a apporté de nouvelles connaissances sur la façon dont l'univers et notre esprit interagissent, ce qui a contribué à valider les principes de la loi de l'attraction.

L'un des principes clés de la physique quantique est que tout dans l'univers est constitué d'énergie. Cela inclut nos pensées, nos émotions et même nos objets physiques. Selon la physique quantique, nos pensées et nos émotions émettent une vibration ou une fréquence qui peut influencer le monde physique qui nous entoure.

La loi de l'attraction fonctionne en faisant correspondre nos pensées et nos émotions avec des vibrations ou des fréquences similaires dans l'univers. C'est ce qu'on appelle le principe de résonance. Lorsque nous concentrons nos pensées et nos émotions sur l'abondance, la positivité et le succès, nous émettons une vibration à haute fréquence qui attire davantage de choses similaires dans nos vies.

Outre le principe de résonance, la physique quantique soutient également le concept d'intrication. Ce principe affirme que tout dans l'univers est connecté et que nos pensées et nos émotions peuvent influencer non seulement nos propres expériences, mais aussi celles des autres.

La science derrière la loi de l'attraction en est encore à ses débuts et il reste encore beaucoup à apprendre. Cependant, les recherches existantes fournissent des preuves solides que nos pensées et nos émotions ont un impact réel et mesurable sur nos vies.

B. Le pouvoir des pensées et des émotions

L'un des aspects les plus importants de la loi de l'attraction est le rôle que jouent nos pensées et nos émotions dans la formation de notre réalité. Nos pensées et émotions créent une vibration ou une fréquence qui attire des expériences et des situations qui correspondent à cette fréquence.

Par exemple, si vous pensez constamment au manque et à la rareté, vous en attirerez davantage dans votre vie. D'un autre côté, si vous concentrez vos pensées et vos émotions sur l'abondance et la prospérité, vous en attirerez davantage dans votre vie.

Il est important de noter que la loi de l'attraction n'est pas une solution miracle et qu'elle ne résoudra pas immédiatement tous vos problèmes. Cependant, en changeant vos pensées et vos émotions, vous pouvez commencer à modifier votre énergie et vos vibrations, ce qui peut vous aider à attirer davantage de ce que vous voulez dans votre vie.

C. Le rôle de la visualisation

La visualisation est l'un des outils les plus puissants pour appliquer la loi de l'attraction dans votre vie. La visualisation implique de créer une image mentale de ce que vous souhaitez expérimenter ou réaliser, puis de vous concentrer sur cette image comme si elle était déjà réelle.

En visualisant ce que vous voulez, vous activez le pouvoir de votre esprit et de vos émotions, et vous commencez à attirer des expériences et des situations qui correspondent à votre vision. La visualisation vous aide également à concentrer vos pensées et vos émotions sur l'abondance et le succès, ce qui peut vous aider à surmonter les croyances limitantes et les schémas de pensée négatifs.

Il existe de nombreuses techniques différentes de visualisation, et vous constaterez peut-être qu'une technique fonctionne mieux pour vous qu'une autre. Certaines techniques courantes incluent la création d'un tableau de vision, l'utilisation d'affirmations et la rédaction de vos objectifs.

En plus de la visualisation, il est également important de prendre des mesures physiques qui correspondent à vos objectifs. La loi de l'attraction n'est pas un processus passif et elle vous oblige à agir pour obtenir des résultats. Cependant, en combinant la visualisation avec l'action physique, vous pouvez créer un effet puissant et synergique qui peut vous aider à atteindre vos objectifs plus rapidement et plus efficacement.

Dans la section suivante, nous explorerons certains des outils et techniques spécifiques que vous pouvez utiliser pour appliquer la loi de l'attraction dans votre vie et commencer à attirer plus d'abondance et de succès.

D. Manifester mon rêve américain : le pouvoir de la loi de l'attraction pour m'amener au pays des opportunités.

Nous sommes quatre frères et sœurs : ma sœur aînée, moi-même, ma sœur cadette et notre sœur cadette. Notre famille avait quitté Mumbai et était restée dans un endroit appelé Valsad pendant environ un an chez mon oncle, le frère aîné de mon père. Mon père recherchait une opportunité commerciale en utilisant les économies qu'il avait réalisées à Mumbai. Après avoir acheté une entreprise à Surat, nous étions tous prêts à y déménager. Cependant, ma sœur aînée était tellement attachée à ma tante, la femme de mon oncle, qu'elle a décidé de rester à Valsad et de ne pas déménager avec nous à Surat. Malgré les inquiétudes initiales de mes parents, ils ont accepté de la laisser rester avec notre tante jusqu'à ce que nous soyons installés dans la nouvelle ville. Ils lui ont assuré qu'ils reviendraient la chercher ou qu'ils feraient en sorte qu'elle soit amenée à Surate plus tard. Ils ne savaient pas qu'elle finirait par grandir à Valsad, chez mon oncle, jusqu'à ce qu'elle devienne adulte. Mais plus là-dessus plus tard.

Nous avons déménagé à Surat et y avons commencé notre nouvelle vie. C'était un petit appartement en location avec seulement deux pièces - l'une servant de cuisine et l'autre de salon et de chambre combinés. Même si l'espace était limité, nous étions contents et heureux dans notre nouvelle maison. Notre communauté regorgeait d'enfants et après l'école, nous nous réunissions tous dans l'enceinte pour jouer et nous amuser.

Cependant, mon père avait connu plusieurs échecs dans ses entreprises commerciales et il était toujours inquiet du succès de son entreprise. Avec le recul, je comprends que sa peur constante et son état d'esprit négatif étaient à l'origine de la plupart de ses échecs commerciaux. Comme je l'ai appris plus tard dans la vie, nos pensées, nos croyances et nos sentiments ont le pouvoir de façonner notre réalité, et l'attitude pessimiste de mes parents a attiré davantage de difficultés dans leur vie. Les difficultés financières faisaient partie intégrante de nos vies jusqu'au décès de mon père.

Après la mort de mon père, ma mère a trouvé du réconfort en compagnie de sa sœur aînée, ma tante Jyoti Masi, qui avait un état d'esprit complètement différent. Son attitude positive et sa vision de la vie ont lentement commencé à influencer ma mère, et elle a commencé à changer sa vision de l'argent, du succès et du bonheur. Quelques années plus tard, lorsque ma tante Jyoti Masi est décédée, elle a laissé un héritage considérable à ma mère, dont deux maisons à Mumbai, l'une des villes les plus chères de l'Inde. Elle a également laissé derrière elle des placements, des actions, des bijoux et d'autres biens, ce qui a apporté un réconfort financier à ma mère. Ce fut un tournant pour elle et elle a commencé à adopter les concepts de la loi de l'attraction que mes frères et sœurs et moi avions partagés avec elle. Lorsque ma mère est décédée il y a quelques années, elle avait laissé derrière elle un héritage d'abondance financière, tout cela grâce à sa nouvelle compréhension du pouvoir des pensées, des croyances et des sentiments.

Quant à moi, j'ai eu ma part de difficultés lorsque j'ai quitté mon domicile pour travailler. Cependant, c'est grâce aux principes de la loi de l'attraction que j'ai pu transformer complètement ma vie.

L'un des moments les plus marquants a été celui où j'ai décidé de venir en Amérique. J'ai toujours été fasciné par les États-Unis en tant que pays de rêve, grâce aux films hollywoodiens que j'avais regardés en grandissant. Les villes américaines semblaient si belles, avec leurs grands immeubles, leurs voitures de luxe, leurs routes propres et leurs ponts aériens qui s'entrecroisaient. Les stars d'Hollywood étaient plus grandes que nature à mes yeux, avec leurs beaux garçons, leurs jolies filles et leurs scènes d'action palpitantes. J'étais particulièrement passionné par les films d'action des stars hollywoodiennes et aussi par les films de James Bond. Qu'il s'agisse de productions britanniques ou hollywoodiennes, elles étaient toutes pareilles pour moi quand j'étais enfant. En grandissant, le désir de venir en Amérique s'est renforcé en moi.

J'ai rencontré un ami dans ma ville natale de Surat qui avait récemment déménagé aux États-Unis pour des études supérieures. Il a partagé ses expériences et j'ai été encore plus intrigué par les opportunités et les possibilités offertes par les États-Unis. J'ai commencé à m'imaginer vivre en Amérique, travailler dans un immeuble de grande hauteur et explorer le mode de vie américain. J'ai lu des livres sur le développement personnel, l'état d'esprit et la loi de l'attraction, et j'ai commencé à appliquer ces principes dans ma vie quotidienne.

J'ai commencé à me fixer des objectifs clairs, à créer des tableaux de vision et à prendre des mesures inspirées pour réaliser mon rêve de déménager aux États-Unis. Malgré de nombreux défis et revers, je suis resté concentré et persévérant dans ma poursuite de mon rêve américain.

Moi et mon meilleur ami Brad avons été les pionniers à Surat, en Inde, à devenir certifiés Microsoft Certified Systems Engineers (MCSE). Il s'agit d'une réalisation importante qui a suscité beaucoup d'attention dans notre communauté. J'étais ravi d'avoir acquis une certification aussi prestigieuse et cela m'a ouvert de nouvelles opportunités.

J'ai ensuite déménagé à Mumbai, où j'ai commencé à enseigner le MCSE dans deux institutions différentes en tant qu'instructeur. J'ai vraiment aimé partager mes connaissances et mes compétences avec des étudiants passionnés et désireux d'exceller dans le domaine de l'informatique. Cependant, j'aspirais à plus et je voulais explorer différentes avenues pour faire avancer ma carrière.

La chance était de mon côté puisque j'ai décroché un emploi permanent dans une entreprise appelée eindia.com pendant l'ère du boom Internet. L'entreprise développait et faisait la promotion d'un portail, et on m'a confié la responsabilité de gérer leur infrastructure informatique. J'installe des serveurs, configure des routeurs, des serveurs de messagerie gérés, des bases de données et des serveurs Web, entre autres tâches. Ce fut une expérience à la fois stimulante et enrichissante, et j'étais fier de l'impact que j'ai eu sur l'évolution du paysage technologique de l'entreprise.

Pendant ce temps, mon ami Brad avait réussi à obtenir un visa de touriste américain grâce à l'entreprise textile de sa famille à Surat. Il a établi les documents nécessaires pour prouver son statut d'homme d'affaires et s'est rapidement mis en route pour les États-Unis. Malheureusement, je n'avais pas suffisamment de documents pour justifier ma demande de visa et mon rêve américain a été suspendu.

N'étant pas du genre à me décourager, j'ai ensuite déménagé à Bangalore et obtenu un emploi d'administrateur réseau et systèmes pour une petite startup point-com appelée QMAGS.com. L'entreprise s'est spécialisée dans la création de magazines PDF consultables auxquels il était possible de s'abonner en ligne. J'étais responsable de la mise en place de l'ensemble de leur infrastructure informatique, de la configuration des routeurs de lignes louées à la gestion des serveurs Microsoft Exchange pour la messagerie électronique, des serveurs MS SQL pour les bases de données et des serveurs Web IIS pour l'hébergement des sites Web internes. Mon travail a été bien accueilli et l'entreprise m'a envoyé dans son bureau de Hong Kong pendant un mois pour y installer également des serveurs.

Hong Kong était un tout nouveau monde pour moi. J'avais l'impression d'entrer dans une scène des films hollywoodiens que j'avais vus, avec ses bâtiments époustouflants, ses voitures élégantes et ses routes bien entretenues. Cependant, j'ai vite réalisé que la langue pouvait constituer un obstacle, car la plupart des gens dans la rue ne parlaient pas anglais.

Néanmoins, j'ai accepté l'expérience et terminé mon travail avec succès.

À mon retour au bureau de Bangalore, j'ai été ravi lorsque l'entreprise m'a proposé de me rendre aux États-Unis pour installer ses serveurs dans un centre de données. C'était comme si un rêve devenait réalité et j'ai accepté cette opportunité avec enthousiasme. J'ai pris toutes les dispositions nécessaires, fait mes valises et me suis lancé dans mon voyage vers les États-Unis avec un sentiment d'enthousiasme et d'anticipation. Il s'agissait d'une étape importante dans ma carrière et j'étais déterminé à tirer le meilleur parti de cette opportunité pour poursuivre mon évolution professionnelle et réaliser mon rêve américain.

Mon voyage aux États-Unis a commencé avec un visa d'affaires d'une durée d'un mois. J'ai séjourné dans un motel confortable appelé Comfort Inn, idéalement situé à quelques pas du lieu de travail où notre entreprise avait embauché un consultant pour travailler sur les logiciels, le matériel et les configurations réseau. Ensemble, nous avons travaillé sans relâche pour installer des serveurs dans un immense centre de données appelé Exodus, situé au sud de la région de la Baie. C'était la première fois que je voyais un centre de données d'une telle taille, et ce fut une expérience impressionnante.

Après avoir configuré avec succès les serveurs et rendu le site opérationnel, je suis retourné à Bangalore avec l'espoir d'avoir une autre opportunité de voyager aux États-Unis. Cependant, cette opportunité ne s'est jamais présentée. Au lieu de cela, j'ai reçu une offre d'emploi de GE Capital à Hyderabad, que j'ai décidé d'accepter. J'ai déménagé là-bas et je me suis finalement marié. Ma femme et moi avons ensuite demandé un visa touristique au consulat américain avec l'intention de visiter les États-Unis pour des vacances. Heureusement, nous avons obtenu le visa et attendions notre voyage avec impatience.

Un an après notre mariage, j'ai reçu un appel d'un de mes colocataires de Bangalore qui m'a informé qu'il était en visite en Inde et qu'il souhaitait se rencontrer. Il résidait dans notre ancien appartement à Bangalore, où vivaient encore certains de nos vieux amis. J'ai donc conduit avec ma femme à Bangalore pour le rencontrer. Lors de nos retrouvailles, mon ami m'a dit qu'il avait une entreprise aux États-Unis et m'a proposé un emploi. Intrigué, j'ai envisagé l'opportunité. Cependant, ma femme attendait notre enfant et nous avions pour tradition que la femme se rende toujours chez sa mère pour l'accouchement, alors je l'ai déposée là-bas et j'ai pris un vol pour les États-Unis avec mon amie Vicky.

À mon arrivée aux États-Unis, j'ai fait face à un revers car on m'a informé que je ne pouvais pas obtenir de visa pour travailler officiellement, mais que je pouvais travailler officieusement dans leur entrepôt, ramasser les marchandises et les livrer. Ne sachant pas quoi faire, j'ai discuté de ma situation difficile avec mon amie Vicky. Au cours du week-end, nous avons assisté à un dîner organisé par l'ami de Vicky, Aaron, chez lui. Au cours de notre conversation, j'ai partagé ma situation avec Aaron, qui a mentionné qu'il connaissait quelqu'un qui possédait une entreprise informatique et pourrait potentiellement me proposer un emploi avec un visa H1B. Intrigué, j'ai accepté de rencontrer cette personne, nommée Carl (nom fictif), qui m'a effectivement proposé un poste d'administrateur Windows et a déposé mon visa H1B, qui a finalement été approuvé.

J'ai travaillé pour Carl pendant quelques mois avant de recevoir une autre offre d'emploi d'une entreprise appartenant à David. J'ai décidé d'accepter l'offre et j'ai rejoint la nouvelle entreprise. Pendant ce temps, ma femme avait donné naissance à une petite fille et ne voulait pas voyager aux États-Unis alors que le bébé était trop jeune. Ainsi, après un an, ma femme et ma fille m'ont rejoint aux États-Unis et nous avons emménagé dans un appartement à Edison, dans le New Jersey. J'ai ensuite reçu une nouvelle offre d'emploi d'une entreprise appartenant à Abby, connue pour sa gentillesse. J'ai accepté l'offre et j'ai même reçu une légère augmentation. Et cela a marqué le début de ma nouvelle vie aux États-Unis.

Un jour, alors que je fouillais dans un de mes vieux sacs, je suis tombé sur un trésor oublié : un journal de poche datant d'il y a des années. En feuilletant ses pages, je suis tombé sur quelque chose qui a retenu mon attention. C'était un souhait que j'avais écrit il y a longtemps : un désir d'aller aux États-Unis et de m'y installer. À ce moment-là, j'ai été frappé : mon souhait était devenu réalité. L'univers avait accédé à ma demande, et je ne m'en étais même pas rendu compte.

En réfléchissant à ma vie, j'ai réalisé que tous les événements et circonstances qui s'étaient déroulés me conduisaient vers ce moment précis. J'avais été tellement pris par l'agitation de la vie quotidienne que j'avais oublié d'apprécier les petites choses que je chérissais autrefois en Inde. Les routes propres, les belles voitures - je conduisais une mini-fourgonnette à l'époque, ce qui me paraissait si ordinaire maintenant, mais en Inde, elle aurait été considérée comme un luxe avec ses portes automatiques, ses vitres électriques, son extinction automatique des phares, son système d'éclairage automatique. variateur dans la rétroviseur et sièges en cuir. Je vivais le rêve que j'avais souhaité et je ne l'avais même pas réalisé.

J'ai regardé autour de moi et j'ai vu bien plus à apprécier. Il neigeait devant ma fenêtre et c'était un spectacle que je n'avais jamais vu en Inde. Même s'il y a quelques endroits en Inde où il neige, comme au Cachemire, je n'avais jamais eu la chance d'en faire l'expérience personnellement. Mais j'étais là, émerveillé par la beauté des chutes de neige. J'avais une femme aimante, une jolie fille, un travail et j'étais heureux. J'ai remercié Dieu pour tout ce qui m'avait été béni dans ma nouvelle maison.

Ce fut un moment d'humilité pour moi de réaliser que mon souhait avait été implanté dans l'univers et qu'il avait toujours opéré sa magie. Cela m'a fait faire une pause et apprécier le voyage qui m'avait amené là où j'étais. J'ai juré de chérir chaque instant, grand ou petit, et de ne jamais rien prendre pour acquis. Ma vie aux États-Unis était vraiment un rêve devenu réalité et j'étais reconnaissant pour les opportunités et les bénédictions qui s'étaient présentées à moi. J'ai appris à regarder au-delà des défis et des difficultés et à voir la beauté des moments quotidiens, car ce sont eux qui ont rendu ma vie vraiment magique. Avec un cœur plein de gratitude, j'ai considéré ma vie aux États-Unis comme mon propre petit coin de paradis sur terre.

S'installer en Amérique n'a pas été facile. J'ai été confronté à des différences culturelles, à des barrières linguistiques et au mal du pays. Cependant, je suis resté fidèle à mes objectifs et j'ai continué à appliquer les principes de la loi de l'attraction dans ma vie quotidienne. Je suis resté positif, je me suis entouré de personnes partageant les mêmes idées et j'ai travaillé avec diligence pour atteindre mes objectifs académiques et professionnels.

Au fil du temps, j'ai connu le succès dans ma carrière. J'ai décroché un emploi dans une entreprise renommée et j'ai finalement obtenu la résidence permanente aux États-Unis.

Avec le recul, j'ai réalisé que le pouvoir des pensées, des croyances et des sentiments avait joué un rôle important dans la transformation de ma vie. La loi de l'attraction m'avait aidé à réaliser mon rêve de vivre en Amérique et était devenue un élément fondamental de mon état d'esprit et de mon style de vie.

Quant à ma sœur aînée, elle a fini par nous rejoindre à Surate après avoir terminé ses études. Elle aussi avait adopté les principes de la loi de l'attraction et avait connu le succès dans sa carrière d'entrepreneur à succès. Elle a souvent expliqué comment son état d'esprit et ses perspectives positives l'avaient aidée à surmonter les défis et à atteindre ses objectifs.

Aujourd'hui, notre famille est répartie dans différentes parties du monde, poursuivant nos rêves et menant une vie abondante. Nous attribuons notre succès à la compréhension et à l'application de la loi de l'attraction, qui a transformé nos vies de lutte en prospérité.

En conclusion, le parcours de notre famille témoigne du pouvoir des pensées, des croyances et des sentiments dans la formation de notre réalité. Malgré les défis et les revers, nous avons appris à exploiter la loi de l'attraction pour manifester nos rêves et créer la vie que nous désirions. Cela a été un incroyable voyage de croissance personnelle, de résilience et d'abondance, et nous sommes reconnaissants pour l'impact transformateur de la loi de l'attraction dans nos vies.

Chapitre 3. Comment entraîner votre cerveau à penser comme un millionnaire

A. Identifier et changer les croyances limitantes

L'une des premières étapes pour entraîner votre cerveau à penser comme un millionnaire consiste à identifier et à modifier toutes les croyances limitantes qui pourraient vous retenir. Les croyances limitantes sont des schémas de pensée négatifs qui vous empêchent d'atteindre vos objectifs et d'atteindre votre plein potentiel.

Des exemples de croyances limitantes incluent la croyance selon laquelle l'argent est rare ou difficile à trouver, ou la croyance que vous n'êtes pas assez intelligent ou suffisamment capable pour réussir. Ces croyances peuvent être profondément enracinées et difficiles à changer.

Cependant, changer ses croyances limitantes est essentiel si l'on veut entraîner son cerveau à penser comme un millionnaire. La loi de l'attraction est basée sur le principe selon lequel vous attirez ce sur quoi vous vous concentrez, donc si vous vous concentrez sur la rareté et le manque, vous continuerez à attirer ces expériences dans votre vie.

Pour changer vos croyances limitantes, vous devez commencer par prendre conscience de ce que vous pensez et ressentez. Faites attention à vos pensées et à vos émotions tout au long de la journée et notez toutes les pensées négatives ou limitantes qui vous viennent à l'esprit.

Ensuite, examinez chaque croyance limitante et demandez-vous si elle vous sert vraiment. Sinon, remplacez-la par une croyance positive et stimulante qui soutient vos objectifs et votre vision de l'abondance et du succès. Par exemple, au lieu de croire que l'argent est difficile à trouver, vous pouvez croire qu'il existe toujours des opportunités d'abondance et que vous avez les compétences et les capacités nécessaires pour attirer la prospérité dans votre vie.

B. Développer un état d'esprit de croissance

Afin d'entraîner votre cerveau à penser comme un millionnaire, il est également important de développer un état d'esprit de croissance. Un état d'esprit de croissance est une façon de penser qui accepte les défis et considère les échecs comme des opportunités de croissance et d'apprentissage.

Les personnes ayant un état d'esprit de croissance croient que leurs capacités et leur intelligence peuvent être développées grâce à un travail acharné et à la persévérance. Ils n'ont pas peur des défis et voient l'échec comme un tremplin vers le succès.

D'un autre côté, les personnes ayant un état d'esprit fixe croient que leurs capacités et leur intelligence sont gravées dans le marbre et ne peuvent être modifiées. Ils ont souvent peur des défis et voient l'échec comme le reflet de leur manque inhérent de talent ou d'intelligence.

Pour développer un état d'esprit de croissance, concentrez-vous sur vos efforts et vos progrès plutôt que sur vos résultats. Célébrez vos petites victoires et considérez les défis et les échecs comme des opportunités d'apprendre et de grandir. Acceptez de nouvelles expériences et acceptez le changement, et rappelez-vous que vos capacités et votre intelligence ne sont pas figées, mais peuvent être développées et renforcées avec du temps et des efforts.

C. Cultiver une attitude mentale positive

Une attitude mentale positive est un autre élément clé pour penser comme un millionnaire. Les millionnaires sont généralement optimistes et ont une vision positive de la vie, même face aux défis et aux revers.

Pour cultiver une attitude mentale positive, concentrez-vous sur les aspects positifs de votre vie et de vos expériences. Recherchez le bien dans chaque situation et pratiquez la gratitude en exprimant votre appréciation pour ce que vous avez. Entourez-vous de personnes positives et solidaires et évitez les relations négatives ou toxiques.

De plus, adoptez un discours intérieur positif et évitez l'autocritique négative. Soyez gentil et compatissant envers vous-même et concentrez-vous sur vos forces et vos réalisations plutôt que sur vos faiblesses et vos échecs.

Enfin, pratiquez la pleine conscience et la méditation pour vous aider à maintenir une attitude mentale positive et à réduire le stress et l'anxiété. La pleine conscience et la méditation peuvent vous aider à concentrer vos pensées et vos émotions et à augmenter votre bien-être et votre bonheur en général.

D. Fixer et atteindre des objectifs

Se fixer et atteindre des objectifs est un aspect fondamental pour penser comme un millionnaire. La capacité de fixer des objectifs clairs et réalisables est ce qui distingue les personnes qui réussissent des autres. Les millionnaires sont très axés sur les objectifs et comprennent l'importance d'avoir une vision claire de ce qu'ils veulent réaliser. Ils ne rêvent pas seulement de leurs objectifs ; ils prennent des mesures concrètes pour en faire une réalité.

Pour commencer, se fixer des objectifs est la première étape vers le succès. Cela vous donne un sentiment d'orientation et d'objectif, et vous aide à prioriser votre temps et votre énergie pour atteindre vos objectifs. Toutefois, il ne suffit pas de se contenter de fixer des objectifs. Vous devez avoir un plan d'action pour les atteindre. Les millionnaires le comprennent et créent une feuille de route qui décrit les étapes à suivre pour atteindre la destination souhaitée.

Un autre élément crucial pour fixer et atteindre des objectifs consiste à les diviser en étapes plus petites et plus gérables. Cela aide à suivre les progrès et à rester motivé tout au long du chemin. Se fixer des objectifs à court terme et les atteindre peut procurer un sentiment d'accomplissement et vous maintenir sur la bonne voie pour atteindre vos objectifs à long terme.

De plus, les personnes qui réussissent comprennent que pour atteindre leurs objectifs, il faut de la discipline et de la persévérance. Cela demande du travail acharné, de la concentration et un engagement à faire tout ce qu'il faut pour réussir. Ils ne laissent pas les revers ou les obstacles les dissuader d'atteindre leurs objectifs, mais les utilisent plutôt comme des opportunités d'apprentissage pour grandir et s'améliorer. Ils sont prêts à déployer des efforts supplémentaires et à faire un effort supplémentaire pour atteindre les résultats souhaités.

Enfin, pour atteindre ses objectifs, il faut être prêt à prendre des risques et à sortir de sa zone de confort. Les millionnaires comprennent que le succès ne s'obtient pas en jouant la sécurité, mais en prenant des risques calculés et en prenant des mesures audacieuses. Ils n'ont pas peur de l'échec et l'utilisent comme une opportunité d'apprentissage pour s'améliorer et revenir plus forts.

En conclusion, se fixer et atteindre des objectifs est un aspect fondamental pour penser comme un millionnaire. Les personnes qui réussissent comprennent l'importance d'avoir une vision claire et de créer une feuille de route pour atteindre leurs objectifs. Ils décomposent leurs objectifs en étapes plus petites et utilisent les revers comme opportunités d'apprentissage. Ils sont prêts à prendre des risques et à sortir de leur zone de confort, et ils s'engagent à faire tout ce qu'il faut pour atteindre les résultats souhaités. En adoptant ces principes, n'importe qui peut penser comme un millionnaire et atteindre ses objectifs dans la vie.

E. Le pouvoir de la visualisation : Comment j'ai décroché l'emploi de mes rêves chez Wells Fargo – histoire d'Alok Bajpai dans ses mots.

L'histoire qui suit m'a été gracieusement racontée par mon estimé collègue et cher ami Alok Bajpai, résidant actuellement dans l'État dynamique du New Jersey. J'ai eu le plaisir de travailler à ses côtés lors de mes débuts aux États-Unis et j'ai eu la chance d'avoir été accueilli chez lui. Son soutien et ses conseils indéfectibles au cours de ces années formatrices m'ont laissé une impression durable, et nous avons maintenu un lien fort même si j'ai voyagé à travers plusieurs États.

Au fil des années, alors que j'approfondissais les subtilités de la loi de l'attraction et de la spiritualité, Alok s'est avéré être un confident inestimable, prêtant volontiers une oreille attentive à mes réflexions et offrant des perspectives perspicaces. Récemment, alors qu'Alok s'est retrouvé dans une situation financière désastreuse, avec des dettes croissantes et aucun répit en vue, il m'a demandé conseil. Sa femme n'avait pas reçu de paiement depuis plusieurs mois en raison des difficultés financières de son entreprise, et ils avaient désespérément besoin d'un emploi bien rémunéré pour pouvoir s'en sortir.

Grâce à nos conversations quotidiennes, je l'ai aidé à développer une attitude positive et je l'ai encouragé à se fixer des objectifs clairs et tangibles. Ensemble, nous avons visualisé le résultat souhaité, Alok s'imaginant déjà en possession de l'emploi bien rémunéré qu'il recherchait, avec le salaire annuel, l'entreprise, les collègues et les responsabilités qu'il souhaitait. Je lui ai fourni des conseils sur la rédaction d'un CV efficace et lui ai suggéré des certifications qu'il pourrait suivre pour augmenter ses chances de réussite. Grâce à nos discussions, Alok a appris à aligner ses pensées, ses émotions et ses actions sur sa vision, agissant comme s'il occupait déjà le poste qu'il recherchait si désespérément.

Le résultat final était tout simplement miraculeux. Alok a décroché le même emploi, avec le même salaire et dans la même organisation qu'il avait toujours imaginée. Son enthousiasme était palpable et il a partagé avec moi son incroyable histoire dans ses propres mots, que je suis ravi de vous transmettre.

« Aujourd'hui, cela fait un mois que j'ai rejoint Wells Fargo en tant que chef de projet, et cela n'aurait pas été possible sans le pouvoir de la visualisation. C'est un rappel de ne jamais sous-estimer ce que vous pouvez réaliser avec une vision et un engagement clairs. Lorsque j'ai postulé pour le poste pour la première fois, j'ai passé du temps à me visualiser dans le rôle, à m'imaginer réussir et à avoir un impact positif sur l'équipe. Cette pratique m'a non seulement donné la motivation pour poursuivre ce travail, mais m'a également permis d'aborder le poste avec une compréhension claire de ce que je voulais accomplir. Avec une vision forte en tête, j'ai pu m'investir pleinement dans mon travail, en déployant les efforts et l'énergie nécessaires pour assurer le succès. En repensant à mon premier mois, je peux affirmer avec confiance que ma pratique de la visualisation a joué un rôle crucial dans mon succès jusqu'à présent. Alors que je poursuis ce voyage, j'espère que mon histoire pourra inspirer les autres à ne jamais sous-estimer le pouvoir de la visualisation et l'impact qu'elle peut avoir sur la réalisation de vos objectifs.

Je suis un fervent partisan de la littérature, des revues et des livres d'entraide. C'est une excellente façon de mener des activités de développement personnel et de devenir la meilleure version de vous-même.

Ma vie a changé à jamais lorsque je suis tombé sur Réfléchissez et devenez riche de Napoléon Hill chez un recycleur. C'est incroyable que quelque chose qui était destiné à être éliminé puisse déclencher un voyage aussi significatif pour moi.

En Inde, lorsqu'on a des journaux et des magazines dont on n'a plus besoin mais que l'on ne veut pas jeter, c'est une bonne idée de les recycler. Vous pouvez gagner de l'argent en vendant ces articles à quelqu'un qui fait du porte-à-porte dans votre région. C'est une excellente façon de bénéficier à l'environnement tout en gagnant quelque chose en retour.

Au milieu de la pile de livres, de magazines et de vieux papiers autrement connus sous le nom de « Ruddy » en Inde, j'ai découvert le livre qui a changé ma vie « Réfléchissez et devenez riche », une source d'inspiration durable. Même s'il manquait quelques pages au livre, le père de mon ami m'a gracieusement permis de le reprendre à Ruddy. C'est son geste aimable qui m'a fait réaliser à quel point même quelque chose de petit et apparemment insignifiant peut avoir un impact positif sur la vie.

La lecture a changé la donne dans ma vie depuis mes débuts. Au départ, je n'étais pas du tout influencé par les livres de développement personnel ni même par les livres généraux. Mais une fois que j'ai commencé à les lire et à les lire, ma vie a radicalement changé pour le mieux. En plus de m'intéresser aux écritures indiennes et de lire mes livres, je prends également le temps de me plonger dans de nombreux livres d'auto-assistance qui pourraient m'aider dans mon développement personnel.

Quand je suis arrivé aux États-Unis en 1999, j'ai commencé à élargir mes horizons littéraires et à lire une variété de livres. J'admire et admire Oprah, le Dr Deepak Chopra et le regretté Dr Wayne Dyer pour toutes les merveilleuses contributions qu'ils ont apportées à la société. Leurs livres ont aidé d'innombrables personnes dans leur voyage de découverte de soi et d'illumination, et je suis profondément reconnaissant pour tout leur travail acharné. Oprah, Deepak Chopra et le regretté Dr Wayne Dyer ont tous grandement contribué au monde de la croissance personnelle et de la spiritualité. Leurs paroles ont inspiré des millions de personnes, leur fournissant des conseils et un aperçu de l'expérience humaine. Ils ont beaucoup écrit sur des sujets allant du bonheur au succès, aidant les lecteurs à trouver un sens à leur vie et leur donnant les outils nécessaires pour atteindre leurs objectifs. Nous pouvons tous être reconnaissants pour leur sagesse intemporelle, qui restera avec nous longtemps après le départ de ces grands enseignants.

Lire des livres est l'une des grandes joies de la vie. Il peut constituer une source de connaissances et de divertissement, ainsi qu'un moyen d'explorer de nouvelles idées et perspectives. Cependant, après avoir terminé un livre, il peut être difficile de se souvenir des idées qui en ont été tirées. C'est pourquoi j'ai réalisé l'importance de conserver les livres avec moi pour toujours - afin de pouvoir les consulter à tout moment et en tirer davantage d'informations.

Pour moi, lire des livres est plus qu'un simple divertissement : c'est une façon d'apprendre et de grandir. J'essaie de tirer les leçons que j'ai apprises dans ces livres et de les mettre en pratique dans ma vie. Après avoir lu un livre, je suis généralement dans un état de transe alors que je réfléchis à la manière d'appliquer ce que j'ai appris. Ce faisant, j'ai pu favoriser une croissance et un développement personnels qui n'auraient pas été possibles sans ces livres.

Ma curiosité pour le monde qui m'entoure a augmenté de façon exponentielle au cours des dernières années et je suis de plus en plus fascinée par la découverte de nouvelles idées et l'exploration de différentes perspectives. J'approfondis les sujets qui m'intéressent particulièrement, en utilisant la recherche et la créativité pour mieux comprendre ces domaines. À chaque découverte, ma fascination pour la vie ne fait que se renforcer.

Le voyage de Tushar Popat aux États-Unis en 2003 a été rempli d'enthousiasme et d'incertitude. Il ne savait pas que sa première journée serait remplie d'aventures et de surprises lorsqu'il perdit accidentellement son passeport à l'aéroport. Malgré ce contretemps, la détermination de Tushar à poursuivre ses rêves aux États-Unis n'a jamais cessé. Des années plus tard, il est aujourd'hui l'auteur d'un livre à succès et je suis fier de l'appeler mon ami.

Il a travaillé avec moi dans mon entreprise de vente en gros de marchandises. Travailler avec Tushar a été une expérience incroyable. Au cours de nos trois années ensemble, nous avons développé un lien fort fondé sur le respect et l'admiration mutuels. Il était l'un de mes meilleurs vendeurs et toujours désireux d'apprendre, me permettant ainsi de partager mes connaissances avec lui. Les liens que nous avons établis pendant cette période ont été inestimables : ils nous ont permis de grandir professionnellement et personnellement. Nous avons tissé des liens forts au cours des trois années de collaboration, échangeant connaissances et conseils au fur et à mesure. Notre partenariat a été inestimable pour nous aider à atteindre nos objectifs et à nous développer professionnellement.

Au cours des deux dernières décennies, notre amitié a été mise à l'épreuve et prouvée. Depuis l'époque où mon ami a quitté mon entreprise en 2006 jusqu'à aujourd'hui, sa transformation d'un petit employé en un entrepreneur à succès est une réussite inspirante. Il s'est certainement surpassé dans son parcours et je suis fier de ce qu'il a accompli dans la vie. Avec une carrière réussie dans deux secteurs, il a fait preuve d'une polyvalence et d'une ambition inégalées. Il est devenu un agent immobilier réputé et un expert dans le domaine des technologies de l'information, lui permettant d'allier sa passion pour l'immobilier à son expertise en informatique. Véritable professionnel, il a accompli des exploits incroyables dans les deux domaines tout au long de sa carrière.

J'écris cette nouvelle pour illustrer le pouvoir de la visualisation, que j'ai appris de lui. La visualisation est un outil puissant qui peut nous aider à manifester nos désirs les plus profonds. Cela peut ressembler à un fantasme, mais la vérité est que c'est l'une des méthodes les plus efficaces pour réussir. En visualisant ce que nous voulons réaliser et en concentrant notre énergie sur ces choses, nous pouvons créer la vie que nous désirons. Avec cet outil simple mais puissant, chacun peut libérer son potentiel et transformer ses rêves en réalité.

C'est une personne qui aborde son travail avec beaucoup de passion et de dévouement, faisant constamment de son mieux pour obtenir des résultats exceptionnels.

Je me souviens très bien de la lecture de "Le Secret" de mon ami Tushar, et ce qui l'a distingué n'est pas seulement le fait qu'il l'ait lu, mais il a pleinement absorbé et intégré ses enseignements dans sa vie et les a partagés avec toute sa famille. Témoin de cela, il m'a appris l'immense valeur et le pouvoir de la visualisation, et j'ai utilisé cette technique à de nombreuses reprises et obtenu d'innombrables succès. Récemment, je me suis lancé dans un nouveau défi : poursuivre une carrière dans la gestion de projet et j'ai décidé de passer l'examen PMP, qui est connu pour être assez difficile si l'on n'est pas issu de ce domaine. Alors que je me préparais pour cet examen, Tushar et moi parlions régulièrement et il soulignait continuellement l'importance de la visualisation. J'ai d'abord échoué à l'examen en raison de mon excès de confiance, mais j'ai rapidement réalisé mon erreur et j'ai décidé de consacrer de sérieux efforts à ma préparation. Finalement, le 1er décembre 2022, j'ai réussi l'examen PMP, grâce au pouvoir de la visualisation et au soutien et aux encouragements indéfectibles de Tushar.

Les enseignements de Tushar et l'accent qu'il met sur la visualisation ont eu un impact profond sur ma vie. J'ai utilisé la visualisation à plusieurs reprises et j'ai réalisé beaucoup de choses. L'une de mes réussites les plus récentes est mon nouvel emploi à la Wells Fargo Bank. Je m'étais toujours imaginé travailler pour Wells Fargo, et maintenant ce rêve est devenu réalité.

Chaque matin, lorsque je me rendais au gymnase en voiture, je voyais le panneau Wells Fargo et je me voyais en train d'y travailler. C'était une sensation étrange, mais je n'arrêtais pas de me dire que j'y travaillerais un jour. Même si je ne suis pas superstitieux, je crois toujours qu'il existe une sorte de pouvoir dans la visualisation.

Je suis devenu client de Wells Fargo en 2000, un an seulement après mon arrivée aux États-Unis. Depuis, je suis un client fidèle. Lorsque je cherchais un emploi, j'ai demandé à ma fille qui travaille pour Bank of America de m'aider, mais les choses n'ont pas fonctionné. J'ai donc décidé de continuer à visualiser et à me dire que je travaillerais pour Wells Fargo.

Bien qu'il ait été confirmé que je commencerais à travailler chez Wells Fargo le 22 décembre 2022, la date de début n'a cessé d'être retardée. Je me sentais déçu et désespéré, mais je n'arrêtais pas de visualiser et de me dire que j'allais y travailler un jour. Après avoir attendu plus de deux mois, j'ai finalement commencé mon nouvel emploi de responsable des technologies d'entreprise/chef de projet le 13 février 2023.

Pendant les deux mois et 13 jours que j'ai attendu, j'ai continué à donner des interviews et j'ai bien réussi dans la plupart d'entre elles. Cependant, j'ai toujours eu le sentiment que le travail de mes rêves était chez Wells Fargo. Même lorsqu'on m'a proposé d'autres postes, je les ai refusés parce que je savais que Wells Fargo était là où j'étais censé être.

Le pouvoir de la visualisation est réel et j'ai vu ses effets dans ma propre vie. Si vous avez un rêve ou un objectif, fermez les yeux et visualisez-vous en train de l'atteindre. Voyez-vous faire ce que vous voulez faire et ressentez-le comme si cela s'était déjà produit. Continuez à visualiser chaque jour et vous finirez par atteindre votre objectif.

Comme le disait Napoléon Hill : « Ce que l'esprit peut concevoir et croire, il peut le réaliser ». Alors n'abandonnez pas vos rêves, aussi farfelus qu'ils puissent paraître. Avec le pouvoir de la visualisation, tout est possible.

En conclusion, je tiens à remercier Tushar de m'avoir appris la valeur de la visualisation. Sans ses conseils et son inspiration, je n'aurais pas réalisé l'emploi de mes rêves chez Wells Fargo. J'espère que mon histoire incitera les autres à croire en eux-mêmes et au pouvoir de la visualisation. Quel que soit votre objectif, continuez à visualiser, continuez à croire et vous l'atteindrez. -Alok Bajpai.

L'histoire de mon ami Alok Bajpai m'a profondément marqué. Son histoire est marquante car elle concerne beaucoup d'entre nous. Nous avons tous nos propres luttes et défis, et l'histoire d'Alok n'est qu'un exemple de la façon dont la loi de l'attraction peut nous aider à les surmonter. En fait, cela fait écho à plusieurs autres histoires de ma propre vie, que j'ai partagées avec vous dans ce livre.

Dans ce livre, j'ai partagé de nombreuses histoires de mes amis et de mes proches qui démontrent comment le processus de manifestation fonctionne dans différents scénarios. Les principes sont les mêmes pour toutes ces histoires, mais nous pouvons voir comment différentes personnes dans différentes situations pensent et appliquent ces principes dans leur vie pour atteindre les objectifs souhaités.

La loi de l'attraction est une force puissante qui peut nous aider à manifester nos désirs et à atteindre nos objectifs. Cela fonctionne en attirant vers nous une énergie similaire. Si nous concentrons nos pensées et nos émotions sur des choses positives, nous attirerons des expériences et des opportunités positives dans nos vies. D'un autre côté, si nous nous concentrons sur les choses négatives, nous attirerons des expériences et des résultats négatifs.

Beaucoup de gens ont du mal à croire que la loi de l'attraction puisse fonctionner pour eux. Ils se trouvent peut-être dans une situation désespérée et pensent qu'il n'y a pas d'issue. Mais s'ils suivent les étapes simples décrites dans ce livre, ils commenceront à constater des changements dans leur situation.

La première étape consiste à écrire votre propre histoire. Imaginez la vie que vous voulez vivre et écrivez-la en détail. N'ayez pas peur de rêver en grand ! Écrivez sur tout ce que vous souhaitez réaliser, les personnes que vous voulez dans votre vie et les expériences que vous souhaitez vivre.

Ensuite, commencez à visualiser cette histoire dans votre esprit comme si elle se produisait déjà. Croyez-y si vivement que cela semble réel. Plus votre croyance est intense, plus votre manifestation sera puissante.

Lorsque des pensées négatives vous viennent à l'esprit, remplacez-les par des pensées positives. Concentrez-vous sur les bonnes choses de votre vie et oubliez celles qui vous causent du stress et des inquiétudes. Ne laissez pas la peur entrer dans votre esprit, car elle ne fera que vous retenir.

Si vous obtenez une opportunité qui correspond à vos envies, saisissez-la ! Ne le laissez pas passer. L'univers vous envoie ce que vous voulez, alors n'ayez pas peur de le saisir.

N'oubliez pas que le semblable attire le semblable. Si vous vous concentrez sur le positif, vous attirerez des expériences et des personnes positives dans votre vie. Si vous vous concentrez sur le négatif, vous attirerez des expériences et des personnes négatives.

Enfin, croyez que vous pouvez réaliser tout ce que vous décidez. Si vous pouvez l'imaginer, vous pouvez en faire une réalité. Tout ce que vous avez à faire est de croire en vous et au pouvoir de la loi de l'attraction.

La loi de l'attraction est une force puissante qui peut nous aider à manifester nos désirs et à atteindre nos objectifs. En concentrant nos pensées et nos émotions sur des choses positives, nous pouvons attirer des expériences et des opportunités positives dans nos vies. Si nous croyons en nous et au pouvoir de la loi de l'attraction, tout est possible.

Par conséquent, les choses les plus importantes que nous pouvons faire sont les suivantes :

1. Afin de réaliser ce que vous voulez dans la vie, vous pouvez suivre quelques étapes. Premièrement, il est important de se concentrer uniquement sur les pensées positives. Si vous pensez négativement, arrêtez-vous et redirigez vos pensées vers quelque chose de positif. Faites-le régulièrement jusqu'à ce que cela devienne une habitude automatique.

2. Deuxièmement, il est utile d'écrire une scène de l'histoire de votre vie que vous désirez voir se produire dans le futur. Écrivez-le avec autant de détails que possible et continuez à l'affiner et à y ajouter plus de détails chaque jour. Cela aide à solidifier la vision dans votre esprit et à la maintenir au premier plan de votre conscience.

3. La troisième étape consiste à croire que ce que vous avez écrit se produit déjà. Fermez les yeux et visualisez-le comme si vous regardiez un film. Voyez la scène que vous avez écrite se dérouler exactement comme vous l'avez décrite. Par exemple, si vous voulez que votre entreprise réussisse, imaginez générer un montant spécifique de revenus, réaliser un certain bénéfice net et accumuler une certaine quantité de richesse.

4. Après avoir visualisé la scène souhaitée, il est important de montrer votre gratitude et votre appréciation. Ouvrez les yeux et remerciez l'univers, ou toute autre puissance

supérieure en laquelle vous croyez, d'avoir rendu cela possible. Croyez que vos prières ont déjà été exaucées et soyez reconnaissant pour le succès qui vous attend.

5. Enfin, restez heureux et positif, sachant que vos objectifs ont déjà été atteints. Peu importe ce qui se passe dans le monde qui vous entoure, restez concentré sur votre vision et le sentiment de bonheur qui accompagne sa réalisation. N'oubliez pas que vos pensées ont le pouvoir de façonner votre réalité et que si vous pouvez y croire, vous pouvez y parvenir. Gardez à l'esprit que vos pensées deviennent des choses, alors restez concentré sur la positivité et croyez en vous.

Chapitre 4. L'importance de visualiser vos objectifs

A. Qu'est-ce que la visualisation ?

La visualisation est le processus de création d'images mentales de vos objectifs et désirs dans votre esprit. Lorsque vous visualisez, vous imaginez vivre vos objectifs comme s'ils s'étaient déjà réalisés. Cela aide à activer le pouvoir de la loi de l'attraction et à rapprocher vos objectifs de la réalité.

La visualisation est un outil puissant qui peut vous aider à surmonter les obstacles, à augmenter votre motivation et à atteindre vos objectifs plus rapidement et plus facilement. En visualisant vos objectifs, vous pouvez créer un lien fort et positif avec eux, ce qui peut vous aider à rester concentré et motivé, même lorsque des défis surviennent.

B. La science derrière la visualisation

La science derrière la visualisation est ancrée dans le concept de neuroplasticité, qui est l'idée selon laquelle le cerveau peut changer et s'adapter en réponse à des expériences et à des stimuli. Lorsque vous visualisez vos objectifs, vous créez de nouvelles voies neuronales dans votre cerveau, et ces voies peuvent vous aider à changer vos pensées, vos croyances et vos comportements de manière positive.

Des recherches ont montré que la visualisation peut activer des zones du cerveau similaires à celles des expériences physiques, ce qui peut contribuer à créer un lien plus fort avec vos objectifs et à accroître votre motivation pour les atteindre. Cela peut conduire à de meilleures performances, à une confiance accrue et à une plus grande réussite dans la réalisation de vos objectifs.

C. Les avantages de la visualisation

La visualisation peut offrir un large éventail d'avantages, notamment :

Motivation accrue : lorsque vous visualisez vos objectifs, vous pouvez augmenter votre motivation et votre volonté de les atteindre. En effet, la visualisation contribue à créer un lien plus fort avec vos objectifs et les rend plus réels et réalisables.

Concentration améliorée : la visualisation peut également vous aider à rester concentré et à rester sur la bonne voie avec vos objectifs. En visualisant régulièrement vos objectifs, vous pouvez les garder au premier plan de votre esprit et éviter de vous laisser distraire ou découragé par les obstacles.

Réduction du stress et de l'anxiété : la visualisation peut également aider à réduire le stress et l'anxiété en procurant une sensation de calme et de relaxation. Lorsque vous visualisez vos objectifs, vous pouvez vous sentir plus confiant et en contrôle, ce qui peut contribuer à réduire le stress et l'anxiété.

Performance améliorée : la visualisation peut également entraîner une amélioration des performances en vous aidant à vous considérer comme une personne qui réussit et qui a confiance en elle. En vous visualisant dans l'état souhaité, vous pouvez améliorer votre état mental et émotionnel, ce qui peut conduire à de meilleures performances et à un plus grand succès.

D. Comment visualiser vos objectifs

Pour tirer le meilleur parti de la visualisation, il est important de la pratiquer régulièrement et de l'intégrer à votre routine quotidienne. Voici quelques conseils pour visualiser efficacement vos objectifs :

Trouvez un endroit calme et relaxant pour visualiser :

Trouvez un endroit calme et détendu où vous pourrez être seul avec vos pensées. Fermez les yeux, respirez profondément et détendez-vous.

Créez une image claire et vivante :

Créez une image claire et vivante de vos objectifs dans votre esprit. Imaginez-vous vivre vos objectifs comme s'ils s'étaient déjà réalisés. Utilisez tous vos sens pour rendre l'image aussi réelle et vivante que possible.

Concentrez-vous sur vos émotions :

Concentrez-vous sur les émotions que vous souhaitez ressentir lorsque vous atteignez vos objectifs. Imaginez ce que vous ressentirez si vous réussissez, êtes confiant et heureux. Permettez-vous de vous immerger pleinement dans ces émotions et laissez-les guider votre visualisation.

Répétez régulièrement :

Répétez régulièrement votre visualisation, surtout le matin et avant de vous coucher. Plus vous pratiquez, plus votre lien avec vos objectifs deviendra fort.

La visualisation peut être un outil puissant pour atteindre vos objectifs et manifester l'abondance et le succès. En intégrant la visualisation à votre routine quotidienne, vous pouvez entraîner votre cerveau à atteindre vos objectifs.

Visualiser le succès : comment Sarah a réalisé ses rêves :

Il était une fois une femme nommée Sarah qui avait toujours rêvé de devenir une entrepreneure à succès. Elle avait déjà essayé de créer plusieurs entreprises, mais toutes avaient échoué. Sarah se sentait découragée et ne savait pas quoi faire ensuite.

Un jour, en parcourant une librairie, elle tombe sur un livre sur la visualisation. Le livre explique comment utiliser le pouvoir de la visualisation pour atteindre vos objectifs. Cela suggère que vous devriez voir votre objectif comme un film dans votre esprit et créer une scène dans laquelle vous avez déjà atteint votre objectif. Vous devez ressentir les émotions du succès et croire sincèrement que vous y êtes parvenu.

Sarah était sceptique au début mais a décidé d'essayer. Elle a commencé par se visualiser comme la PDG de sa propre entreprise prospère. Elle s'imaginerait entrer dans un bel immeuble de bureaux avec son nom sur la porte. Elle se verrait bien faire des présentations aux investisseurs et embaucher des employés.

Alors que Sarah continuait à visualiser son succès, quelque chose d'incroyable s'est produit. Elle a commencé à croire que son rêve était possible. Elle a ressenti un regain d'énergie et de motivation et elle a commencé à agir pour atteindre son objectif.

Sarah a commencé à assister à des événements de réseautage et à parler à des investisseurs potentiels. Elle s'imaginerait dans sa scène de film et ressentirait la confiance et l'enthousiasme d'atteindre son objectif. Très vite, le travail acharné de Sarah a porté ses fruits. Elle a obtenu un financement pour son entreprise et a pu ouvrir son propre bureau.

Alors que Sarah continuait à visualiser son succès, elle a constaté que les choses semblaient se mettre en place. Elle a attiré les bons employés, décroché des contrats importants et son entreprise a commencé à se développer rapidement.

Avec le recul, Sarah a réalisé que la visualisation était la clé de son succès. Cela l'a aidée à croire en elle et lui a donné la motivation de continuer même lorsque les choses devenaient difficiles. En visualisant son succès, Sarah a pu atteindre ses objectifs et créer la vie dont elle avait toujours rêvé.

En conclusion, la visualisation est un outil puissant qui peut vous aider à atteindre vos objectifs. En créant une scène de film mental de votre objectif atteint et en ressentant les émotions du succès, vous pouvez vraiment croire que votre rêve est possible. Comme le montre l'histoire de Sarah, la visualisation peut vous donner la motivation et la confiance nécessaires pour agir pour atteindre vos objectifs et finalement mener au succès.

Chapitre 5. Création d'un tableau de vision

A. Qu'est-ce qu'un tableau de vision ?

Un tableau de vision est une représentation physique de vos objectifs, rêves et aspirations. C'est un collage d'images, de citations et d'affirmations qui représentent ce que vous voulez réaliser et qui vous voulez devenir. Un tableau de vision est un outil de manifestation qui vous aide à rapprocher vos objectifs de la réalité en concentrant votre esprit sur ce que vous voulez réaliser.

B. Comment créer un tableau de vision

Rassembler du matériel : Rassemblez du matériel tel que des magazines, des ciseaux, de la colle et un grand tableau d'affichage. Vous pouvez également utiliser des outils numériques pour créer un tableau de vision virtuel.

Identifiez vos objectifs : commencez par identifier vos objectifs, vos rêves et vos aspirations. Que souhaitez-vous accomplir dans différents domaines de votre vie, tels que votre carrière, vos relations, votre santé et votre croissance personnelle ?

Collectez des images et des citations : parcourez des magazines et des sites Web pour trouver des images et des citations qui représentent vos objectifs et vos aspirations.

Découpez des images et des citations qui vous parlent et capturez l'essence de ce que vous souhaitez réaliser.

Créez votre tableau de visualisation : disposez les images et les citations sur votre tableau d'affichage d'une manière qui vous semble significative. Assurez-vous de placer votre tableau de vision dans un endroit où vous le verrez régulièrement, comme votre chambre ou votre espace de travail.

Affinez et mettez à jour votre tableau de vision : examinez régulièrement votre tableau de vision et apportez les modifications nécessaires. Ajoutez de nouvelles images et citations au fur et à mesure que vous les découvrez, et supprimez tous les éléments qui ne correspondent plus à vos objectifs.

C. Les avantages d'un comité de vision

Motivation accrue : un tableau de vision peut augmenter votre motivation et votre volonté d'atteindre vos objectifs en les gardant à l'avant-plan de votre esprit.

Concentration améliorée : un tableau de vision peut également vous aider à rester concentré sur vos objectifs et à éviter de vous laisser distraire ou découragé par les obstacles.

Créativité améliorée : la création d'un tableau de vision peut également être un exutoire créatif, vous permettant de puiser dans votre imagination et d'exprimer vos objectifs d'une manière unique et personnelle.

Manifestation accrue : un tableau de vision peut également vous aider à rapprocher vos objectifs de la réalité en concentrant votre esprit sur ce que vous souhaitez réaliser. Lorsque vous consultez régulièrement votre tableau de vision, vous envoyez un message puissant à votre subconscient, qui peut vous aider à manifester vos objectifs plus rapidement et plus facilement.

D.Conclusion

Créer un tableau de vision est un moyen simple et efficace de manifester vos objectifs et de les rapprocher de la réalité. En concentrant votre esprit sur ce que vous voulez réaliser, vous pouvez augmenter votre motivation, améliorer votre concentration et améliorer vos capacités de manifestation. Intégrez la création d'un tableau de vision à votre pratique de manifestation et regardez vos rêves devenir réalité.

E. Donner vie à l'abondance grâce à un tableau de vision

David était un homme avec de grands rêves. Il voulait vivre dans une belle maison avec un grand jardin, conduire une voiture de luxe et parcourir le monde. Cependant, il se sentait coincé dans son travail, vivant d'un chèque de paie à l'autre et luttant pour joindre les deux bouts. C'est alors qu'il découvre le pouvoir de la visualisation et la magie du vision board.

David a commencé par créer un tableau de vision, tout comme le livre le recommandait. Il a découpé des photos de la maison de ses rêves, de la voiture qu'il voulait conduire et des destinations qu'il souhaitait visiter. Il a même inclus une photo de lui devant la maison de ses rêves avec un grand sourire sur le visage.

Chaque matin et chaque soir, David regardait son tableau de vision et s'imaginait vivre dans cette belle maison, conduire cette voiture de luxe et voyager vers ces destinations. Il ressentait l'enthousiasme et la joie d'atteindre ses objectifs comme s'ils étaient déjà devenus réalité.

Lentement mais sûrement, les choses ont commencé à changer pour David. Il a obtenu une promotion au travail et a commencé à gagner plus d'argent. Il a économisé chaque centime qu'il pouvait et a fait des investissements judicieux qui lui ont permis d'accumuler de la richesse plus rapidement qu'il ne l'aurait jamais cru possible.

Finalement, après des années de travail acharné et de dévouement, David a réalisé son rêve. Il a trouvé exactement la même maison que celle qui figurait sur son tableau de vision. Il l'a acheté et a emménagé avec sa famille, reconnaissant et fier de son accomplissement. Il a également acheté la même voiture de luxe qu'il avait imaginée et s'est rendu vers les destinations indiquées sur son tableau de vision.

David s'est rendu compte que la création d'un tableau de vision l'avait non seulement aidé à atteindre ses objectifs, mais avait également changé son état d'esprit. Il n'était plus coincé dans un système de croyances limitantes selon lesquelles il ne pouvait pas avoir la vie qu'il désirait. Il avait désormais le pouvoir de manifester ses rêves et de vivre la vie qu'il avait toujours voulue.

En conclusion, la création d'un vision board est un puissant outil de manifestation. Cela vous permet de concentrer votre esprit sur vos objectifs et vos rêves, et cela peut vous aider à les atteindre plus rapidement que vous ne l'auriez jamais cru possible. En suivant les étapes décrites dans le livre, n'importe qui peut créer un tableau de vision et voir ses rêves devenir réalité.

F. La loi de l'attraction en action : comment mon Vision Board m'a aidé à gagner 500 000 $

John a toujours été fasciné par l'idée de gagner à la loterie. Il rêvait souvent de ce qu'il ferait avec l'argent et de la liberté que cela lui apporterait. Cependant, il savait que ses chances de gagner étaient minces, voire nulles. C'est jusqu'à ce qu'il découvre le pouvoir de la visualisation et du tableau de vision.

John pratiquait l'art de la visualisation depuis des mois. Il avait créé un tableau de vision rempli d'images des choses qu'il désirait le plus dans la vie. Il regardait son tableau de vision matin et soir, concentrant son esprit sur ses objectifs et se visualisant en train de les atteindre. Il ressentait des sentiments de joie et de gratitude comme s'il avait déjà gagné à la loterie.

Un jour, alors que John rentrait du travail en voiture, il s'est arrêté dans une station-service pour acheter un soda. Alors qu'il faisait la queue, il a décidé d'acheter un billet de loterie. Il ferma les yeux et visualisa les numéros gagnants figurant sur le ticket. Il ressentait l'excitation et la joie de gagner comme si c'était déjà arrivé.

Les jours ont passé et John a presque oublié le billet de loterie qu'il avait acheté. Mais un matin, il se réveille avec un appel téléphonique qui va changer sa vie pour toujours. Il avait gagné à la loterie et le prix était de 500 000 $.

John était sous le choc, mais il savait que sa visualisation et son tableau de vision avaient joué un rôle énorme dans sa victoire. Il avait concentré son esprit sur le fait de gagner à la loterie depuis des mois, et son esprit s'était aligné sur son désir. L'univers avait répondu en lui apportant l'argent qu'il avait visualisé.

Avec cet argent, John a pu rembourser ses dettes, acheter une nouvelle voiture et parcourir le monde. Il était reconnaissant du pouvoir de la visualisation et du tableau de vision, qui l'avaient aidé à réaliser son plus grand rêve. À partir de ce jour, il a continué à pratiquer la visualisation et à utiliser le tableau de vision pour manifester d'autres désirs dans sa vie.

G. Visualiser la prospérité : le pouvoir d'un tableau de vision. L'histoire de Richard dans ses propres mots.

« D'aussi loin que je me souvienne, j'ai toujours eu le désir de réussir financièrement. Cependant, malgré tous mes efforts, j'avais toujours l'impression que je ne faisais que me débrouiller. Ce n'est que lorsque j'ai découvert le pouvoir d'un tableau de vision que j'ai vraiment commencé à voir mes rêves se réaliser.

J'ai commencé mon parcours de vision board en collectant des images de mes objectifs financiers. J'ai trouvé des photos de maisons luxueuses, de voitures de luxe et de vacances exotiques. J'ai même ajouté des citations et des affirmations pour me garder motivé. J'ai disposé toutes ces photos sur un tableau d'affichage, créant ainsi un collage qui représentait mon avenir financier idéal.

Chaque jour, je passais quelques minutes à me concentrer sur mon vision board. Je fermais les yeux et m'imaginais vivre dans une maison luxueuse, conduire une voiture de luxe et prendre des vacances exotiques. J'ai visualisé ces choses comme si elles faisaient déjà partie de ma vie, avec des croyances et des sentiments.

Au fil du temps, j'ai remarqué des changements dans ma vie. Je suis devenu plus motivé et concentré sur la réalisation de mes objectifs financiers. J'ai commencé à agir pour bâtir un meilleur avenir financier. J'ai été plus discipliné dans mes habitudes de dépenses et j'ai commencé à voir mon compte bancaire croître.

Un jour, j'ai reçu une offre d'emploi qui dépassait mes rêves les plus fous. C'était un travail bien rémunéré et offrant des opportunités de croissance et d'avancement. Avec l'aide de mon tableau de vision, j'ai manifesté ce travail dans ma vie. J'ai été étonné par le pouvoir de la visualisation et de la manifestation.

Mon tableau de vision m'a non seulement aidé à atteindre mes objectifs financiers, mais a également amélioré mon bien-être général. Cela a augmenté ma motivation, ma concentration et ma positivité. J'avais plus de contrôle sur ma vie et j'avais le pouvoir de créer l'avenir que je désirais.

En conclusion, créer un vision board est un moyen simple et efficace de manifester vos objectifs financiers. En concentrant votre esprit sur ce que vous voulez réaliser, vous pouvez augmenter votre motivation, améliorer votre concentration et améliorer vos capacités de manifestation. L'intégration d'un tableau de vision dans votre pratique de manifestation peut vous aider à donner vie à vos rêves.

Chapitre 6. Visualiser dans un état de demi-transe

A. Qu'est-ce qu'un état de demi-transe ?

Un état de demi-transe est un état de relaxation et de concentration obtenu en ralentissant votre respiration (Hear Rate Variability) et en relaxant votre corps. Cet état se caractérise par une réduction des stimuli externes, vous permettant de vous concentrer plus efficacement sur vos pensées et visualisations internes. Lorsque vous visualisez dans un état de demi-transe, vous êtes capable d'aligner votre subconscient sur vos objectifs conscients, augmentant ainsi votre capacité à manifester vos désirs.

B. Comment visualiser dans un état de demi-transe

Trouvez un endroit calme et confortable : Trouvez un endroit calme et confortable où vous pourrez vous détendre et ne pas être dérangé.

Détendez votre corps : commencez par ralentir votre respiration et détendre votre corps. Vous pouvez le faire en tendant et en relâchant différents groupes musculaires, en commençant par vos pieds et en remontant jusqu'à votre tête.

Concentrez-vous sur votre visualisation : Fermez les yeux et concentrez-vous sur votre visualisation. Imaginez-vous dans un scénario où votre objectif a déjà été atteint. Voyez-vous dans les moindres détails, ressentant les émotions et les sensations liées à la réalisation de votre objectif.

Le mode VSS, abréviation de Very Still State, fait référence à une étape de méditation où l'on vise à atteindre une immobilité physique complète, un peu comme un rocher immobile. Cet état est crucial car il vous permet d'entrer dans l'état d'onde alpha, durant lequel votre esprit émet des ondes alpha qui facilitent la manifestation. Plus vous entrez dans l'état alpha, plus votre capacité à vous connecter avec l'univers et à manifester vos désirs est grande. Par conséquent, atteindre le mode VSS peut être extrêmement bénéfique pour ceux qui cherchent à exploiter le pouvoir de la méditation pour leur amélioration personnelle et leur croissance personnelle.

Maintenez la visualisation : Maintenez la visualisation pendant plusieurs minutes, permettant à votre esprit de s'immerger complètement dans le scénario. Pendant que vous maintenez la visualisation, imaginez que l'objectif devient de plus en plus réel, jusqu'à ce que vous ayez l'impression qu'il se produit dans le moment présent.

Revenez au moment présent : ramenez-vous progressivement au moment présent, en vous sentant reconnaissant pour l'expérience et les sentiments positifs qu'elle a apportés dans votre vie.

Pendant le processus de visualisation, lorsque vous terminez, vous devez voir que quelqu'un dans la visualisation, pas vous mais une tierce personne, votre ami ou quelqu'un, vous félicite pour votre réussite et vous lui dites merci.

En tant que réalisateur de votre vie, il est crucial d'aborder votre processus de visualisation comme si vous réalisiez un film. Imaginez créer une scène qui capture le moment où vous avez atteint votre objectif ou reçu une récompense. Visualisez chaque détail, des personnes autour de vous au son des applaudissements lorsque vous montez sur scène pour recevoir votre prix. Créez un clip vidéo mental de la scène, en commençant par le début et en terminant par la gratitude. Imaginez-vous monter sur scène avec confiance, recevoir le prix, vous retourner pour faire face au public et le remercier. Répétez ce processus de visualisation autant de fois que nécessaire jusqu'à ce que la scène semble réelle, claire et vivante. Cette technique peut être appliquée à n'importe quel objectif, qu'il s'agisse d'une scène d'une minute ou d'un clip de 30 secondes. Avec la pratique, vos capacités de visualisation s'amélioreront et vous pourrez facilement manifester vos rêves et vos objectifs. N'oubliez pas de toujours terminer votre visualisation par de la gratitude et de l'appréciation, car cela vous aidera à attirer plus d'abondance et de positivité dans votre vie.

Pour visualiser et manifester efficacement vos objectifs, il est important d'entrer dans l'état d'onde alpha de votre esprit. Cet état peut être atteint grâce à une pratique régulière et est le plus souvent atteint pendant le mode demi-transe lorsque vous êtes sur le point de dormir. Cependant, il est également possible d'entrer dans cet état à tout moment de la journée. Pour entrer dans l'état d'onde alpha, vous devez fermer les yeux et rester assis dans une position confortable. Essayez de vous concentrer entre vos sourcils avec vos yeux regardant un peu vers le haut, et continuez à vous concentrer là-bas. En quelques secondes, vous vous retrouverez dans votre état alpha. Au fur et à mesure que vous vous concentrez, vous entrerez progressivement dans l'état d'onde alpha, ce qui vous rendra plus réceptif aux messages de l'univers. Dans cet état, vous pouvez exiger ce que vous voulez et l'univers alignera les circonstances et les événements pour faciliter vos objectifs. En entrant régulièrement dans l'état d'onde alpha et en visualisant clairement vos objectifs, vous serez en mesure de manifester facilement la réalité souhaitée.

C. Les avantages de la visualisation dans un état de demi-transe

Manifestation accrue : si vous cherchez à amplifier vos efforts de manifestation, envisagez de visualiser vos objectifs dans un état de demi-transe. Cela peut aider à aligner votre subconscient sur vos désirs conscients, entraînant ainsi un état de cohérence cœur-cerveau. Cet alignement entre vos sentiments et vos aspirations peut faire des merveilles pour rapprocher vos objectifs de la réalité. En exploitant le pouvoir de la visualisation et la cohérence cœur-cerveau, vous pouvez ouvrir la voie à un plus grand succès et à un plus grand épanouissement dans la vie.

Concentration améliorée : en ralentissant votre respiration et en relaxant votre corps, vous pouvez améliorer votre concentration et vous concentrer plus efficacement sur votre visualisation.

Compétences de visualisation améliorées : une visualisation régulière dans un état de demi-transe peut aider à améliorer vos compétences de visualisation, vous permettant ainsi de vous concentrer plus facilement sur vos objectifs et de les rapprocher de la réalité.

Confiance accrue : en vous visualisant régulièrement dans des scénarios dans lesquels vos objectifs ont déjà été atteints, vous pouvez augmenter votre confiance et votre confiance en vous, ce qui facilite l'action pour atteindre vos objectifs.

D. Conclusion sur l'état de demi-transe.

Visualiser dans un état de demi-transe est un outil de manifestation puissant qui peut vous aider à rapprocher vos objectifs de la réalité. En ralentissant votre respiration et en relaxant votre corps, vous pouvez vous concentrer plus efficacement sur votre visualisation, alignant ainsi votre subconscient sur vos désirs conscients. Faites de la visualisation dans un état de demi-transe une partie régulière de votre pratique de manifestation et observez vos objectifs devenir une réalité.

E. La méthode du crochet :

La méthode du crochet est une technique puissante qui peut vous aider à exploiter le pouvoir de la loi de l'attraction pour atteindre vos objectifs et créer la vie de vos rêves. La technique comprend trois étapes simples que vous pouvez pratiquer chaque jour pour attirer l'abondance et la prospérité dans votre vie.

La première étape consiste à réfléchir au meilleur moment de votre vie et à chérir ce moment. Cela pourrait être un moment d'immense joie, d'accomplissement ou d'amour. Cela pourrait être un moment qui vous donnera l'impression d'être au sommet du monde. Ce moment représente votre état émotionnel le plus élevé et vous souhaitez l'utiliser pour ancrer votre visualisation.

Lors de votre séance de visualisation, commencez par vous souvenir de ce moment et revivez-le dans votre esprit. Rappelez-vous ce que vous avez ressenti, ce que vous avez vu, ce que vous avez entendu et ce que vous pensiez à ce moment-là. Essayez de vous immerger pleinement dans l'expérience et de ressentir à nouveau les mêmes émotions.

Une fois que vous êtes dans cet état d'émotion positive, l'étape suivante consiste à penser et à visualiser immédiatement ce que vous désirez ou voulez dans la vie, c'est votre objectif. Cela peut être n'importe quoi : une nouvelle maison, un emploi de rêve, une relation amoureuse, une abondance financière ou tout ce que vous désirez. Visualisez l'objectif de manière aussi vivante et claire que possible, avec le plus grand détail. Voyez-vous déjà l'avoir atteint. Imaginez ce que vous ressentirez, ce que vous verrez, ce que vous entendrez et ce que vous penserez lorsque vous aurez atteint votre objectif.

En vous consacrant à la pratique quotidienne de la visualisation, vous serez témoin de la transformation remarquable qui se produit. À chaque répétition, vos visualisations gagnent en profondeur et en clarté, vous permettant de vous immerger dans la réalité du résultat souhaité. Plus vous vous engagez dans ce processus, plus il devient tangible, comme si la manifestation se déroulait sous vos yeux. Embrassez le pouvoir de la visualisation et laissez ses effets profonds vous transporter dans un royaume où vos rêves se manifestent comme des réalités palpables.

Après avoir visualisé votre objectif, la troisième étape consiste à vous sentir heureux de cet objectif dans votre visualisation et à montrer votre gratitude envers l'univers. Vous devez être reconnaissant d'avoir déjà atteint votre objectif dans votre visualisation car il semblera si réel. Exprimez votre gratitude en disant « merci » et en ressentant des émotions de gratitude et de joie. Sentez-vous comme si vous avez déjà reçu votre désir et exprimez votre appréciation pour celui-ci. Cela aidera à aligner votre vibration sur la fréquence de l'abondance et à attirer davantage de ce que vous désirez dans votre vie.

Les trois étapes doivent être répétées une fois par jour lorsque vous vous couchez et que vous fermez les yeux. Vous devez être dans un état de demi-transe où vous vous sentez somnolent et êtes sur le point de dormir mais vous essayez de visualiser et à la fin. de la visualisation, vous vous endormez. La pensée restera dans votre esprit et dans vos rêves toute la nuit et sera connectée à l'univers. L'univers commencera à mobiliser toutes les situations, circonstances et choses dans un ordre parfait pour que vous puissiez atteindre votre objectif. Pour les autres, tout cela ressemblera à des coïncidences, mais vous savez que chaque étape vous rapproche de votre objectif. C'est grâce à vos pensées, vos croyances et vos sentiments que vous vous rapprochez de votre objectif final.

Lorsque vous vous levez le matin, vous devez vous sentir heureux et reconnaissant envers l'univers de vous avoir donné ce que vous aviez demandé dans l'objectif. Le sentiment de gratitude et de joie vous maintiendra dans un état d'esprit positif et vous aidera à attirer davantage de ce que vous désirez dans votre vie.

En suivant la méthode du crochet, vous pouvez exploiter le pouvoir de la loi de l'attraction et attirer l'abondance et la prospérité dans votre vie. Avec de la pratique et de la persévérance, vous pouvez développer un état d'esprit en matière de richesse et d'argent qui vous aidera à atteindre vos objectifs et à vivre la vie de vos rêves.

F. Si vous voulez prédire votre avenir, définissez-le.

Savoir où vous êtes et ce qui vous a amené ici est essentiel. Maintenant, faisons un pas en avant et parlons de votre point B. Où voulez-vous finir ? À quoi ressemble votre vie idéale ? Pour prédire votre avenir, vous devez le définir. J'ai eu un mentor qui m'a dit un jour : « Si vous voulez prédire votre avenir, définissez-le », et ces mots me sont restés gravés depuis. C'est votre chance de définir votre avenir en détail. Dans quel type de maison souhaitez-vous vivre et combien de chambres compte-t-elle ? De quelle couleur est-il et quelle odeur ça sent le matin ? Entendez-vous le bruit de l'océan ou le chant des oiseaux à l'extérieur de votre maison de montagne ? A quoi ressemble votre voiture dans l'allée ? Combien de temps consacrerez-vous à votre entreprise et combien de temps passerez-vous à la maison ? Allez-vous emmener les enfants à l'école, aller à la salle de sport ou méditer avec le yoga ?

Plus vous écrivez de détails, plus vous comprendrez clairement ce que vous voulez et l'univers sera mieux équipé pour vous aider à y parvenir. Vous devez être aussi précis et détaillé que possible pour atteindre le résultat souhaité. Cet exercice consiste à dresser un tableau vivant de votre vie idéale et vous aidera à créer un plan pour votre parcours de vie. Visualisez la vie de vos rêves comme s'il s'agissait d'un film, avec vous comme personnage principal, vivant la vie que vous avez toujours voulue. Vous devez croire de tout cœur à cette vision, comme si elle était déjà réelle.

Vous avez peut-être des doutes et des peurs, mais lorsque vous vous autoriserez à visualiser la vie que vous désirez, vous commencerez à croire que cela est possible. Vous commencerez à prendre les mesures nécessaires pour en faire une réalité. La clé est de rester concentré sur votre vision et de faire confiance au processus. Gardez vos pensées positives et permettez-vous de recevoir tout le bien qui vous attend. Le pouvoir des affirmations positives est réel et vous aidera à atteindre vos objectifs plus rapidement que vous ne l'auriez jamais cru possible.

Il est maintenant temps de mettre des mots sur votre vision. Notez chaque détail de votre journée parfaite, du moment où vous vous réveillez jusqu'au moment où vous vous couchez. Soyez précis et détaillé, car cela vous aidera à créer une feuille de route vers le résultat souhaité. Cet exercice vous aidera également à rester motivé et concentré, même lorsque les choses deviennent difficiles. N'oubliez pas que chaque réussite commence par une vision et c'est à vous de créer la vôtre. Définissez votre avenir et regardez l'univers conspirer pour en faire une réalité.

Chapitre 7. Demandez et vous recevrez.

La loi de l'attraction est une force puissante qui peut réaliser nos désirs, mais elle nous oblige à agir et à demander ce que nous voulons. On dit que l'univers est constamment à l'écoute de nos pensées et de nos sentiments, et lorsque nous émettons une énergie positive et demandons ce que nous voulons, l'univers répond de la même manière.

Demander ce que nous voulons peut sembler un concept simple, mais beaucoup d'entre nous ont du mal à l'accepter. Nous pouvons avoir peur du rejet ou avoir le sentiment de ne pas mériter ce que nous voulons. Cependant, il est important de se rappeler que nous sommes dignes de nos désirs et que demander ce que nous voulons est une étape cruciale dans la manifestation de nos rêves.

L'un des moyens les plus efficaces de demander ce que nous voulons est la visualisation. La visualisation implique d'imaginer en détail le résultat souhaité et de ressentir comme si cela s'était déjà produit. Lorsque nous visualisons nos désirs, nous créons un lien émotionnel fort avec eux, et cette énergie attire davantage de ce que nous voulons dans nos vies.

Les affirmations sont un autre moyen puissant de demander ce que nous voulons. Les affirmations sont des déclarations positives que nous nous répétons pour renforcer nos croyances et nos désirs. En énonçant nos désirs comme s'ils s'étaient déjà réalisés, nous changeons notre état d'esprit vers celui de l'abondance et attirons davantage de ce que nous voulons dans nos vies.

Il est également important d'agir pour atteindre nos objectifs. L'univers répond à notre énergie et à nos efforts, nous devons donc être prêts à travailler pour réaliser nos désirs. Cela signifie faire de petits pas chaque jour vers nos objectifs, même s'ils semblent insignifiants au premier abord. Ces petites actions créent une dynamique et nous attirent davantage d'opportunités de manifester nos désirs.

Cependant, il est important de se rappeler que demander ce que nous voulons ne garantit pas que nous le recevrons. Parfois, l'univers a un plan différent pour nous, ou nous ne sommes peut-être pas encore prêts à réaliser nos désirs. Lorsque cela se produit, il est important de faire confiance au processus et d'avoir la certitude que tout se déroule pour notre plus grand bien.

En conclusion, demander ce que nous voulons est une étape cruciale dans la manifestation de nos rêves. Cela nous oblige à changer notre état d'esprit vers celui de l'abondance, à agir pour atteindre nos objectifs et à avoir confiance dans le processus. En utilisant la visualisation, les affirmations et en faisant de petits pas chaque jour, nous pouvons attirer davantage de ce que nous voulons dans nos vies et créer une vie que nous aimons. N'oubliez pas que l'univers est constamment à l'écoute, alors demandez et vous recevrez.

Croire pour réussir : comment Mike a transformé son rêve en réalité grâce au pouvoir de demander

Mike travaillait dans une entreprise depuis des années, se sentant coincé et insatisfait. Il avait toujours rêvé de créer sa propre entreprise et d'être son propre patron, mais il ne savait pas par où commencer. Un jour, il est tombé sur un article sur le logiciel en tant que service (SaaS) et sur la manière dont il pourrait aider les entreprises à s'automatiser et à se développer. C'est alors qu'une idée lui est venue : et s'il créait un produit SaaS qui aiderait les petites entreprises à automatiser leurs processus et à gagner plus d'argent ?

Mike savait qu'il avait un long chemin à parcourir, mais il était déterminé à y parvenir. Il a passé d'innombrables heures à rechercher et à apprendre tout ce qu'il pouvait sur le SaaS et sur la façon de créer un produit réussi. Il a également commencé à réseauter et à assister à des événements pour rencontrer des personnes partageant les mêmes idées et qui pourraient l'aider à concrétiser sa vision.

Un jour, Mike a eu l'opportunité de s'associer avec un développeur de logiciels talentueux. Avec son aide, Mike a pu créer un site Web proposant un produit SaaS facile à utiliser et abordable pour les petites entreprises. Il s'est investi corps et âme dans le projet et a travaillé sans relâche pour en assurer le succès.

Il y a eu de nombreux défis en cours de route, mais Mike est resté concentré sur l'objectif final. Il pensait que son produit changerait la donne pour les petites entreprises et qu'il générerait plus que son emploi, lui permettant ainsi d'arrêter et de poursuivre son rêve de devenir entrepreneur à temps plein.

Après des mois de travail acharné et de dévouement, le site Web de Mike a finalement été lancé. Il a commencé à le commercialiser de manière agressive et, bientôt, il a commencé à voir un flux constant d'utilisateurs s'inscrire. Au fil du temps, sa base d'utilisateurs s'est élargie et son site Web est devenu la plateforme incontournable pour les petites entreprises cherchant à automatiser leurs processus et à augmenter leurs revenus.

Grâce à sa persévérance et à sa foi en sa vision, le site Web de Mike a généré plus que son travail en un an. Il savait qu'il était temps de franchir le pas et de quitter son emploi pour se consacrer à plein temps à son entreprise. C'était une décision effrayante, mais il avait confiance en lui et en son produit.

Aujourd'hui, Mike est un entrepreneur à succès, dirigeant sa propre entreprise et aidant les petites entreprises du monde entier. Il est reconnaissant de l'opportunité de transformer son rêve en réalité et du pouvoir de demander et de croire.

En conclusion, l'histoire de Mike nous enseigne l'importance de demander ce que nous voulons et de croire que c'est possible. Lorsque nous avons une vision claire et travaillons dur pour atteindre nos objectifs, l'univers a le moyen de s'aligner pour nous aider à les atteindre. Il est important de rester concentré sur l'objectif final, même face aux défis et aux revers, et d'avoir confiance en nous-mêmes et en nos capacités.

Chapitre 8 : Plot Armor - Le bouclier incassable de l'histoire de votre vie

Dans chaque histoire, il y a toujours un héros qui fait face à des défis, des adversaires et des obstacles tout au long de son voyage. Ces défis peuvent prendre la forme d'ennemis puissants, de monstres dangereux, de guerres féroces ou de circonstances désastreuses qui semblent insurmontables. Pourtant, malgré tous les obstacles, le héros en sort victorieux, indemne et triomphant. Vous êtes-vous déjà demandé comment cela était possible ? Comment se fait-il que le héros réussisse toujours à s'en sortir indemne ou à trouver un moyen de surmonter des situations apparemment impossibles ?

La réponse réside dans le concept de « armure de complot ». Tout comme dans un roman ou une histoire, où le protagoniste est protégé par un bouclier invisible qui le protège du danger, vous aussi disposez d'une armure d'intrigue dans votre propre histoire de vie. C'est une force puissante qui vous protège de tout mal ou danger qui pourrait survenir.

Prenons l'exemple du célèbre personnage de fiction, Harry Potter. En tant que jeune enfant, il a été confronté à de nombreuses situations mettant sa vie en danger aux mains de

Lord Voldemort, l'un des sorciers noirs les plus puissants de tous les temps. Cependant, malgré sa vulnérabilité et son manque d'expérience, Harry Potter a toujours réussi à s'en sortir indemne. Cela peut être attribué à l'armure d'intrigue que JK Rowling, l'auteur de la série Harry Potter, a conçue pour son personnage. C'était un bouclier invisible qui protégeait Harry Potter de tout danger, garantissant sa survie et sa sortie victorieuse.

De la même manière, vous êtes le réalisateur et l'auteur de votre propre histoire de vie. Vous avez le pouvoir de créer votre propre armure de complot, un bouclier qui vous protégera de tout défi ou obstacle qui pourrait se présenter à vous. Avec ce bouclier incassable, vous pouvez surmonter les défis de la vie en toute confiance, sachant que vous êtes invincible et que rien ne peut vous faire de mal.

Mais comment croyez-vous que vous avez une armure de complot dans votre vie ? Comment le rendre invincible ? Tout commence par votre état d'esprit et votre point de vue. Vous devez changer votre système de croyances et adopter un état d'esprit positif qui considère les défis comme des opportunités de croissance et d'amélioration. Au lieu de considérer les obstacles comme des menaces, considérez-les comme des tremplins vers votre réussite. Acceptez la conviction que chaque problème auquel vous êtes confronté vous donne en réalité plus de pouvoir et fait de vous une meilleure version de vous-même.

Par exemple, disons que vous rencontrez un revers au travail, comme un projet qui ne se déroule pas comme prévu ou qui fait l'objet de critiques de la part de vos collègues. Au lieu de vous sentir vaincu, rappelez-vous que cet échec n'est qu'un défi temporaire qui finira par vous rendre plus fort et plus sage. Saisissez l'opportunité d'apprendre de cette expérience, de perfectionner vos compétences et de revenir encore plus résilient.

De même, dans votre vie personnelle, si vous faites face à une situation difficile comme une rupture, une perte ou un problème de santé, rappelez-vous que vous disposez d'une armure de complot qui vous protégera. Ayez confiance que vous avez la force intérieure et la résilience nécessaires pour surmonter toute adversité et en ressortir encore plus fort de l'autre côté.

Il est important de noter qu'avoir une armure de complot ne signifie pas que vous ne rencontrerez jamais de défis ou de difficultés. La vie est pleine de hauts et de bas, et tout le monde est confronté à un moment donné à des obstacles. Cependant, ce qui vous distingue, c'est la façon dont vous percevez et réagissez à ces défis. Lorsque vous pensez posséder une armure de complot, vous passez de la victimisation à l'autonomisation. Vous cessez de considérer les défis comme des obstacles et commencez à les voir comme des opportunités de croissance et d'amélioration personnelle.

De plus, avoir une armure d'intrigue ne signifie pas que vous devenez complaisant ou passif face aux défis. Cela ne veut pas dire que vous devez attendre que les choses se passent comme par magie. Cela signifie que vous prenez des mesures proactives pour relever les défis avec résilience, détermination et un état d'esprit positif. Vous devenez le héros de votre propre histoire, prenant votre vie en main et prenant des décisions qui correspondent au résultat souhaité.

Tout comme un auteur talentueux confectionne soigneusement l'armure de l'intrigue de ses personnages, vous pouvez vous aussi créer et renforcer consciemment votre armure de l'intrigue dans l'histoire de votre propre vie. Voici quelques mesures pratiques que vous pouvez prendre pour renforcer votre confiance dans votre armure de complot et la rendre invincible :

Cultivez un état d'esprit positif : votre état d'esprit joue un rôle crucial dans l'élaboration de votre réalité. Choisissez d'adopter un état d'esprit positif axé sur les possibilités, les solutions et la croissance. Entraînez votre esprit à considérer les défis comme des opportunités d'apprentissage et d'amélioration plutôt que comme des menaces. Entourez-vous d'influences positives, pratiquez la gratitude et affirmez-vous avec des croyances stimulantes.

Définissez des intentions claires : soyez clair sur ce que vous voulez accomplir dans votre vie et définissez des intentions qui correspondent à vos désirs. Notez vos objectifs, visualisez-vous en train de les atteindre et prenez des mesures inspirées pour les atteindre. Lorsque vous avez une idée claire du but et de l'orientation, vous renforcez l'armure de votre intrigue en lui donnant une base solide sur laquelle s'appuyer.

Faites confiance à votre sagesse intérieure : vous possédez en vous une sagesse innée qui sait ce qui est le mieux pour vous. Apprenez à faire confiance à votre intuition et à votre guidance intérieure. Écoutez votre instinct, faites attention aux synchronicités et ayez confiance que l'univers conspire toujours en votre faveur. Lorsque vous faites confiance à votre sagesse intérieure, vous renforcez votre armure de complot en puisant dans une puissance supérieure qui vous guide et vous protège.

Adoptez la résilience : la résilience est la capacité de rebondir face aux défis et aux revers. Faites de la résilience une qualité clé de votre armure d'intrigue. Au lieu de vous laisser décourager par les échecs ou les revers, considérez-les comme des opportunités d'apprendre, de grandir et de revenir encore plus fort. Cultivez la résilience en développant des capacités d'adaptation, en prenant soin de vous et en vous entourant d'un réseau de soutien.

Entraînez-vous à visualiser : tout comme un auteur visualise le résultat souhaité pour ses personnages, entraînez-vous à vous visualiser en tant que héros de votre propre histoire. Voyez-vous surmonter les défis, atteindre vos objectifs et en sortir victorieux. Utilisez tous vos sens pour créer une image mentale vivante de la réalité souhaitée. Plus vous vous visualisez avec une armure d'intrigue invincible, plus vous renforcez cette croyance dans votre subconscient.

Passez à l'action inspirée : votre armure d'intrigue ne signifie pas que vous vous asseyez et attendez que les choses se produisent. Cela signifie que vous prenez des mesures inspirées pour atteindre vos objectifs, en étant sûr que votre armure de complot vous guidera et vous protégera tout au long du chemin. Soyez proactif en prenant des mesures qui correspondent à vos intentions et continuez à avancer avec détermination et persévérance.

Entourez-vous de personnes qui vous soutiennent : tout comme le protagoniste d'une histoire a souvent un casting de personnages de soutien, entourez-vous de personnes qui croient en vous, soutiennent vos rêves et vous remontent le moral. Évitez les influences négatives ou les relations toxiques qui drainent votre énergie ou affaiblissent votre confiance dans l'armure de votre intrigue. S'entourer de personnes positives et solidaires renforce votre armure d'intrigue en créant un environnement favorable.

En conclusion, tout comme une armure d'intrigue protège le héros d'une histoire de tous les adversaires, défis et obstacles, vous aussi disposez d'une armure d'intrigue dans votre propre histoire de vie. C'est un bouclier incassable qui vous protège du mal, vous guide à travers les défis et vous permet d'émerger comme une version plus forte et meilleure de vous-même. En cultivant un état d'esprit positif, en définissant des intentions claires, en faisant confiance à votre sagesse intérieure, en faisant preuve de résilience, en pratiquant la visualisation, en prenant des mesures inspirées et en vous entourant de personnes qui vous soutiennent, vous pouvez renforcer votre croyance en votre armure d'intrigue et la rendre invincible. N'oubliez pas que vous êtes le réalisateur et l'auteur de votre propre histoire de vie et qu'avec une confiance inébranlable dans votre armure d'intrigue, vous pouvez surmonter n'importe quel défi, réaliser vos rêves et créer une vie de réussite et d'épanouissement. Faites confiance à votre armure de complot et laissez-la être votre bouclier incassable

Chapitre 9 . Affirmations et discours intérieur positif

A. Que sont les affirmations et le discours intérieur positif ?

Les affirmations et le discours intérieur positif sont des outils puissants pour façonner vos pensées et vos croyances. Les affirmations sont des déclarations positives que vous vous répétez, généralement concernant un objectif ou un désir spécifique. Le discours intérieur positif fait référence au dialogue intérieur que vous entretenez quotidiennement avec vous-même. Les affirmations et le discours intérieur positif sont conçus pour vous aider à vous concentrer sur vos objectifs et à renforcer vos croyances et attitudes positives.

B. Comment utiliser les affirmations et le discours intérieur positif

Identifiez vos objectifs et vos désirs : Commencez par identifier vos objectifs et vos désirs. Que voulez-vous réaliser dans votre vie ? Quelles sont vos valeurs et convictions fondamentales ?

Créez des affirmations positives : créez des affirmations qui correspondent à vos objectifs et à vos désirs. Assurez-vous que les affirmations sont au présent et concentrez-vous sur ce que vous voulez réaliser plutôt que sur ce que vous ne voulez pas.

Répétez vos affirmations quotidiennement : Répétez-vous vos affirmations plusieurs fois par jour, à voix haute ou silencieusement dans votre esprit. Répétez-les au réveil, avant de vous coucher et tout au long de la journée.

Pratiquez un discours intérieur positif : faites attention au dialogue intérieur que vous entretenez avec vous-même et faites un effort conscient pour remplacer le discours intérieur négatif par un discours intérieur positif. Recadrez les pensées et croyances négatives en déclarations positives et responsabilisantes.

Sentiments : des sentiments attachés à vos affirmations chaque fois que vous parlez ou répétez vos informations, assurez-vous toujours d'avoir le maximum de sentiments et de croyances qui y sont attachés lorsque vous parlez, vous devez donc répéter ces affirmations avec les sentiments les plus profonds possibles, ressentez-le dans votre cœur, ressentez-le. dans votre esprit, votre âme, vous devez ressentir ce que vous dites et croire en ce que vous dites et si vous avez une forte croyance et une foi en ce que vous répétez encore et encore et croyez que cela s'est déjà produit dans ce cas vous le manifesterez et vous obtiendrez certainement ce que vous voulez. Au début, cela semblera faux, mais continuez à le faire et petit à petit, cela vous semblera naturel.

Vous pouvez prendre votre téléphone et commencer à enregistrer un audio sur votre téléphone pour information. Ainsi, vous pouvez enregistrer vos informations et une fois qu'elles sont enregistrées, vous pouvez les lire dans les 90 minutes suivant l'heure à laquelle vous vous rendez. Pendant les 90 premières minutes, votre cerveau est toujours actif et il peut écouter tout ce qui se dit, donc si vous jouez à ce jeu dans les 90 premières minutes de votre sommeil, dans ce cas, vous pourrez l'entendre et votre subconscient le fera. soyez capable d'entendre ce que vous dites afin de pouvoir répéter vos informations pendant votre sommeil et elles seront enregistrées par votre subconscient et vous aideront dans le processus de manifestation.

C. Les avantages des affirmations et du discours intérieur positif

Concentration et motivation améliorées : en vous concentrant sur vos objectifs et vos désirs grâce à des affirmations et à un discours intérieur positif, vous pouvez augmenter votre concentration et votre motivation pour atteindre vos objectifs.

Confiance en soi accrue : en répétant des affirmations positives et en pratiquant un discours intérieur positif, vous pouvez augmenter votre confiance en vous et votre confiance en vous, ce qui vous permettra d'agir plus facilement pour atteindre vos objectifs.

Amélioration de la santé mentale : les affirmations et un discours intérieur positif peuvent aider à réduire le stress et l'anxiété, améliorant ainsi votre santé mentale et votre bien-être en général.

Un état d'esprit modifié : des affirmations régulières et un discours intérieur positif peuvent vous aider à changer votre état d'esprit et vos croyances, facilitant ainsi la manifestation de vos désirs et la réalisation de vos objectifs.

D.Conclusion

Les affirmations et le discours intérieur positif sont des outils puissants pour façonner vos pensées et vos croyances et peuvent vous aider à vous concentrer sur vos objectifs et à réaliser vos désirs. Faites des affirmations et du discours intérieur positif une habitude quotidienne et observez votre vie changer pour le mieux. N'oubliez pas que les mots que vous vous dites ont le pouvoir de façonner votre réalité, alors assurez-vous que vous prononcez des mots de positivité, d'autonomisation et de réussite.

Chapitre 10 . Élaborer des affirmations puissantes pour la richesse et le succès

A. Que sont les affirmations de richesse et de réussite ?

Les affirmations de richesse et de réussite sont des déclarations spécifiques et positives que vous vous répétez, conçues pour vous aider à attirer plus de richesse et de succès dans votre vie. Ces affirmations aident à concentrer vos pensées et vos croyances sur vos objectifs et désirs financiers, vous permettant ainsi de manifester l'abondance et la prospérité dans votre vie.

B. Comment élaborer des affirmations puissantes pour la richesse et le succès

Identifiez vos objectifs et vos désirs financiers : Commencez par identifier vos objectifs et vos désirs financiers. Que souhaitez-vous réaliser en termes de richesse et de réussite ? Quelle est votre définition de la liberté financière ?

Faites des affirmations spécifiques et personnelles : créez des affirmations spécifiques à vos objectifs et désirs financiers. Assurez-vous que les affirmations sont écrites au présent et concentrez-vous sur ce que vous avez plutôt que sur ce que vous n'avez pas.

Utilisez un langage positif et responsabilisant : utilisez un langage positif et responsabilisant dans vos affirmations. Évitez les mots négatifs tels que « je ne peux pas », « je ne peux pas » ou « je ne veux pas ». Utilisez plutôt des mots tels que « je suis », « j'ai » et « je le ferai ».

Répétez vos affirmations quotidiennement : Répétez-vous vos affirmations plusieurs fois par jour, à voix haute ou silencieusement dans votre esprit. Répétez-les au réveil, avant de vous coucher et tout au long de la journée.

C. Exemples d'affirmations de richesse et de réussite

"J'attire l'abondance et la prospérité dans ma vie."

"Je suis une personne prospère et riche."

"Je suis capable de générer une richesse illimitée."

"Je mérite la liberté financière et le succès."

"J'ai une entreprise prospère et prospère."

D. Les avantages des affirmations pour la richesse et le succès

Concentration et motivation améliorées : en vous concentrant sur vos objectifs et vos désirs financiers par le biais d'affirmations, vous pouvez accroître votre concentration et votre motivation pour réussir financièrement.

Confiance en soi accrue : en répétant des affirmations positives sur la richesse et le succès, vous pouvez augmenter votre confiance en vous et votre confiance en vous, ce qui facilitera la prise de mesures pour atteindre vos objectifs financiers.

État d'esprit modifié : des affirmations régulières de richesse et de réussite peuvent vous aider à changer votre état d'esprit et vos croyances, facilitant ainsi la manifestation de l'abondance et de la prospérité dans votre vie.

Attraction de la richesse et du succès : En répétant les affirmations de richesse et de succès, vous pouvez attirer plus de richesse et de succès dans votre vie, vous permettant ainsi d'atteindre vos objectifs et vos désirs financiers.

E. Conclusion

Les affirmations de richesse et de réussite sont des outils puissants pour façonner vos pensées et vos convictions concernant votre avenir financier. Faites des affirmations de richesse et de réussite une habitude quotidienne et observez l'amélioration de votre situation financière. N'oubliez pas que les mots que vous vous dites ont le pouvoir de façonner votre réalité financière, alors assurez-vous que vous prononcez des mots d'abondance, de prospérité et de succès.

Chapitre 1 1 . Mettre en œuvre des affirmations dans votre routine quotidienne

A. Comprendre le pouvoir des affirmations quotidiennes

Les affirmations quotidiennes ont le pouvoir de façonner vos pensées, vos croyances et vos actions, vous permettant ainsi d'attirer plus de richesse et de succès dans votre vie. En répétant régulièrement des affirmations de richesse et de réussite, vous pouvez entraîner votre cerveau à se concentrer sur vos objectifs et vos désirs financiers, facilitant ainsi la manifestation de l'abondance et de la prospérité.

B. Intégrer des affirmations dans votre routine quotidienne

Faites des affirmations un rituel matinal : commencez votre journée avec des affirmations de richesse et de réussite. Répétez-les-vous au premier réveil, avant de commencer votre journée.

Répétez vos affirmations tout au long de la journée : Répétez-vous vos affirmations tout au long de la journée, à voix haute ou silencieusement dans votre esprit. Répétez-les lorsque vous vous sentez stressé ou anxieux, lorsque vous êtes coincé dans les embouteillages ou lorsque vous faites la queue.

Utilisez les affirmations comme une forme de discours intérieur : Utilisez les affirmations comme une forme de discours intérieur positif. Au lieu de vous dire des pensées négatives, dites des affirmations positives sur la richesse et le succès.

Écrivez vos affirmations : notez vos affirmations et placez-les dans des endroits où vous les verrez souvent, comme votre bureau ou votre voiture. Cela vous aidera à renforcer vos affirmations et à garder vos objectifs et désirs financiers en tête.

C. Les avantages des affirmations quotidiennes

Concentration et motivation améliorées : en vous concentrant sur vos objectifs et vos désirs financiers grâce à des affirmations quotidiennes, vous pouvez accroître votre concentration et votre motivation pour réussir financièrement.

Confiance en soi accrue : en répétant quotidiennement des affirmations positives sur la richesse et le succès, vous pouvez augmenter votre confiance en vous et votre confiance en vous, ce qui facilitera la prise de mesures pour atteindre vos objectifs financiers.

Un état d'esprit modifié : les affirmations quotidiennes de richesse et de réussite peuvent vous aider à changer votre état d'esprit et vos croyances, facilitant ainsi la manifestation de l'abondance et de la prospérité dans votre vie.

Attraction de la richesse et du succès : En répétant quotidiennement des affirmations de richesse et de succès, vous pouvez attirer plus de richesse et de succès dans votre vie, vous permettant ainsi d'atteindre vos objectifs et vos désirs financiers.

D.Conclusion

Intégrer des affirmations dans votre routine quotidienne est un moyen simple mais puissant d'attirer plus de richesse et de succès dans votre vie. Faites des affirmations de richesse et de réussite une habitude quotidienne et observez l'amélioration de votre situation financière. N'oubliez pas que les mots que vous vous dites ont le pouvoir de façonner votre réalité financière, alors assurez-vous que vous prononcez des mots d'abondance, de prospérité et de succès.

E. Le pouvoir des affirmations : comment un homme a changé sa vie

James avait toujours été le mouton noir de sa famille. Il avait du mal à exceller à l'école et ne parvenait pas à décrocher un bon emploi comme ses amis. Il a vécu avec ses parents jusqu'à la trentaine, se débrouillant avec de maigres salaires. Son estime de soi était au plus bas et il se sentait comme un échec. Mais un jour, il découvre la loi de l'attraction et le pouvoir des affirmations. Il a commencé à travailler à la création de l'affirmation parfaite pour lui-même, qui l'aiderait à réaliser ses rêves de devenir propriétaire d'une entreprise prospère, de posséder une maison et de trouver un partenaire.

Chaque soir, avant de se coucher, John répétait son affirmation dans son esprit, se visualisant comme le propriétaire prospère d'une entreprise rentable comptant de nombreux employés. Il s'imaginait également posséder une belle maison et être marié à un partenaire aimant. Il a fait cela pendant plusieurs semaines sans voir aucun résultat, mais il a continué, confiant que l'univers lui apporterait ce qu'il désirait.

Un jour, les choses ont commencé à changer. Le patron de James au travail a remarqué son attitude positive et son éthique de travail, et il a obtenu une promotion. Ce revenu supplémentaire lui a permis d'économiser suffisamment d'argent pour démarrer sa propre entreprise. Il a fait le grand saut et son entreprise a commencé à prospérer dès le début. Il n'arrivait pas à croire à quelle vitesse les choses se mettaient en place.

Au fur et à mesure que son entreprise se développait, James a pu acheter sa propre maison et a même trouvé une petite amie qui partageait ses passions et ses valeurs. Ils sont tombés amoureux et se sont mariés, et James a enfin eu l'impression que sa vie était terminée. Il n'était plus le mouton noir de sa famille. Il avait gagné le respect de ses pairs et était un propriétaire d'entreprise prospère.

Tout cela a été possible grâce au pouvoir des affirmations. En concentrant son esprit sur ce qu'il voulait réaliser et en croyant que c'était possible, James a pu attirer le succès et l'abondance dans sa vie. Il avait enfin découvert son véritable potentiel et vivait la vie dont il avait toujours rêvé.

Chapitre 1 2 . Établissement d'objectifs et planification d'action

A. Comprendre l'importance de l'établissement d'objectifs

L'établissement d'objectifs est un aspect essentiel de la loi de l'attraction, car il vous aide à concentrer vos pensées, vos croyances et vos actions sur vos objectifs et désirs financiers. Lorsque vous fixez des objectifs financiers clairs et spécifiques, vous donnez à votre subconscient une direction claire vers laquelle travailler, ce qui facilite l'attraction de la richesse et du succès dans votre vie.

B. Étapes pour fixer des objectifs financiers efficaces

Soyez précis : fixez-vous des objectifs financiers spécifiques, mesurables, réalistes et réalisables. Par exemple, au lieu de dire « Je veux être riche », dites « Je veux économiser 1 million de dollars d'ici la fin de l'année ».

Limitez-les dans le temps : fixez une date limite pour chaque objectif financier. Cela vous donnera un sentiment d'urgence et de motivation pour atteindre vos objectifs.

Notez-les : notez vos objectifs financiers et placez-les dans des endroits où vous les verrez souvent, comme votre bureau ou votre voiture. Cela vous aidera à renforcer vos objectifs et à les garder en tête.

Établir des priorités : hiérarchisez vos objectifs financiers et concentrez-vous d'abord sur les plus importants.

C. Planification des actions

Décomposez vos objectifs en étapes plus petites : Une fois que vous avez défini vos objectifs financiers, divisez-les en étapes plus petites et réalisables. Cela contribuera à rendre vos objectifs moins écrasants et plus gérables.

Créez un plan d'action : rédigez un plan d'action pour chaque objectif, comprenant les étapes spécifiques que vous devez suivre, les ressources dont vous avez besoin et un calendrier pour atteindre chaque étape.

Passez à l'action : prenez des mesures cohérentes et quotidiennes pour atteindre vos objectifs financiers. Concentrez-vous sur une étape à la fois et ne vous découragez pas si vous ne voyez pas de résultats immédiats.

Suivez vos progrès : suivez vos progrès et célébrez vos réalisations en cours de route. Cela vous aidera à rester motivé et concentré sur vos objectifs financiers.

D.Conclusion

L'établissement d'objectifs et la planification d'actions sont des aspects cruciaux de la loi de l'attraction, vous permettant de concentrer vos pensées, vos croyances et vos actions sur vos objectifs et désirs financiers. En fixant des objectifs financiers spécifiques et réalisables et en prenant des mesures cohérentes et quotidiennes pour les atteindre, vous pouvez attirer plus de richesse et de réussite dans votre vie et atteindre la liberté financière.

Chapitre 1 3 . L'importance d'avoir des objectifs spécifiques et mesurables

A. Pourquoi la spécificité est importante

La loi de l'attraction stipule que ce sur quoi vous vous concentrez s'étend, il est donc important d'être aussi précis que possible lors de la définition de vos objectifs financiers. Des objectifs spécifiques et mesurables vous donnent une direction claire vers laquelle travailler et vous aident à concentrer vos pensées, vos croyances et vos actions pour attirer la richesse et le succès dans votre vie.

B. Les avantages des objectifs mesurables

Clarté : les objectifs mesurables apportent de la clarté et un sens de l'orientation, ce qui vous permet de rester plus facilement concentré sur ce que vous voulez réaliser.

Motivation : des objectifs mesurables aident à accroître la motivation et le dynamisme à mesure que vous voyez des progrès vers vos objectifs financiers.

Suivi des progrès : des objectifs mesurables facilitent le suivi de vos progrès et les ajustements en cours de route.

Performance améliorée : avoir des objectifs mesurables vous aide à être plus performant, car vous avez une idée claire de ce que vous devez réaliser et de ce que vous devez faire pour y parvenir.

C. Comment fixer des objectifs financiers spécifiques et mesurables

Soyez précis : Soyez aussi précis que possible lorsque vous établissez vos objectifs financiers. Par exemple, au lieu de dire « Je veux être riche », dites « Je veux économiser 1 million de dollars d'ici la fin de l'année ».

Rendez-les mesurables : Rendez vos objectifs financiers mesurables, afin de pouvoir suivre vos progrès et voir à quel point vous êtes sur le point de les atteindre.

Fixez des délais : fixez des délais pour chaque objectif financier afin d'avoir un sentiment d'urgence et de motivation pour atteindre vos objectifs.

D.Conclusion

Avoir des objectifs financiers spécifiques et mesurables est un aspect essentiel de la loi de l'attraction, car elle vous aide à concentrer vos pensées, vos croyances et vos actions pour attirer la richesse et le succès dans votre vie. En fixant des objectifs clairs et spécifiques, vous pouvez augmenter votre motivation et votre dynamisme, améliorer vos performances et suivre vos progrès vers la liberté financière.

E. Écrire vos objectifs

A. Le pouvoir d'écrire vos objectifs

Il a été démontré que la rédaction de vos objectifs financiers augmente les chances de les atteindre. En effet, écrire vos objectifs contribue à les rendre plus concrets et tangibles, tout en vous aidant à concentrer vos pensées et à prendre vos objectifs au sérieux.

B. Les avantages d'écrire vos objectifs

Clarté accrue : écrire vos objectifs vous aide à clarifier ce que vous voulez vraiment et ce qui est le plus important pour vous.

Concentration améliorée : écrire vos objectifs vous aide à concentrer vos pensées et à vous maintenir sur la bonne voie pour atteindre vos objectifs financiers.

Motivation accrue : écrire vos objectifs peut vous aider à accroître votre motivation et votre dynamisme, car vous pouvez voir ce que vous devez faire pour atteindre vos objectifs.

Meilleure mémoire : écrire vos objectifs vous aide à vous souvenir de ce que vous voulez réaliser, ce qui est important lorsque vous essayez d'attirer la richesse et le succès dans votre vie.

C. Comment écrire vos objectifs

Choisissez un format : choisissez le format qui vous convient le mieux, qu'il s'agisse d'un journal, d'un cahier ou d'un fichier informatique.

Soyez précis : soyez aussi précis que possible lorsque vous rédigez vos objectifs financiers, en veillant à inclure les dates, les montants et autres détails spécifiques.

Utilisez un langage positif : Utilisez un langage positif lorsque vous rédigez vos objectifs, car cela contribuera à attirer de l'énergie positive dans votre vie.

Révisez régulièrement : révisez régulièrement vos objectifs financiers écrits, en veillant à les ajuster si nécessaire pour qu'ils correspondent à l'évolution de votre situation et de vos priorités.

D.Conclusion

La rédaction de vos objectifs financiers est un aspect important de la loi de l'attraction, car elle vous aide à clarifier ce que vous voulez vraiment, à concentrer vos pensées et à accroître votre motivation et votre volonté de réussir financièrement. En prenant le temps de noter vos objectifs financiers, vous pouvez augmenter vos chances de les atteindre et de concrétiser vos rêves de richesse et de réussite.

F. Agir pour atteindre vos objectifs

A. L'importance d'agir

Penser positivement et visualiser vos objectifs ne représente que la moitié de la bataille pour attirer la richesse et le succès dans votre vie. Pour réellement atteindre vos objectifs financiers, il est essentiel d'agir et de faire bouger les choses.

B. Comment agir

Élaborez un plan : élaborez un plan d'action en décomposant vos objectifs financiers en étapes plus petites et plus faciles à gérer.

Prenez des mesures cohérentes et délibérées : Prenez des mesures cohérentes et délibérées pour atteindre vos objectifs financiers, aussi petites soient-elles.

Entourez-vous d'influences positives : Entourez-vous d'influences positives, telles que des personnes qui réussissent et des amis et une famille qui vous soutiennent.

Croyez en vous : Croyez en vous et en vos capacités, et ne laissez pas le doute vous retenir.

C. Surmonter les obstacles

Anticiper les défis : anticipez les défis et les obstacles qui peuvent survenir et mettez en place un plan pour les surmonter.

Soyez persévérant : Soyez persévérant dans vos efforts pour atteindre vos objectifs financiers, même lorsque des obstacles surviennent.

Apprendre des échecs : apprendre des échecs et les utiliser comme opportunités de croissance et d'apprentissage.

D.Conclusion

Agir pour atteindre vos objectifs financiers est un élément essentiel de la loi de l'attraction, et c'est ce qui sépare ceux qui réussissent de ceux qui échouent. En prenant des mesures cohérentes et délibérées, en croyant en vous et en surmontant les obstacles, vous pouvez attirer la richesse et le succès dans votre vie et faire de vos rêves financiers une réalité.

G. Créer mon destin : comment la visualisation m'a aidé à réaliser l'emploi de mes rêves

Un jour, alors que je travaillais dans le New Jersey, un de mes amis qui travaillait également dans la même entreprise m'a appelé. Il m'a dit avec enthousiasme qu'il avait travaillé comme entrepreneur pour HP dans une entreprise appelée Campus, et qu'ils avaient un poste pour lequel il pensait que je serais parfaitement adapté. Il a mentionné que le taux de rémunération était plus élevé que celui que je gagnais actuellement et qu'il recevrait également une prime de parrainage pour m'avoir intégré. Après y avoir réfléchi, j'ai décidé de tenter ma chance et d'explorer cette opportunité.

J'ai suivi le processus d'entretien et j'ai été ravi d'apprendre que j'avais été sélectionné pour le poste. En disant au revoir à mon patron et à mes collègues du New Jersey, j'ai fait mes valises et j'ai déménagé avec ma famille dans le Michigan, dans une petite ville appelée Kalamazoo. C'était une décision importante pour nous, car nous avions beaucoup d'amis et étions à l'aise dans le New Jersey, mais l'augmentation potentielle de salaire était trop tentante pour la laisser passer.

Il y avait cependant un problème : l'entreprise ne voulait pas me parrainer pour un visa H-1B, et j'avais récemment obtenu un document d'autorisation de travail (EAD) qui me permettait de travailler pour n'importe quel employeur. Cela signifiait que si ma demande de carte verte devait faire face à des revers et n'était pas approuvée, je pourrais avoir des ennuis. Malgré ce risque, j'ai décidé de faire un acte de foi et de rejoindre l'entreprise directement sur mon EAD, au lieu de continuer sur mon H-1B, ce qui n'était pas une démarche recommandée selon les forums en ligne que je suivais pour les sujets liés à l'immigration. .

Ce qui m'a permis de continuer, c'est ma foi inébranlable dans l'univers et la conviction que tout se passerait pour le mieux. J'étais convaincu que j'obtiendrais éventuellement ma carte verte le moment venu et j'étais prêt à prendre le risque. C'était un acte de foi, et j'avais déjà franchi le pas, confiant que l'univers et la puissance supérieure ne me laisseraient pas tomber.

Nous nous sommes lancés dans un nouveau chapitre de notre vie avec impatience et un sentiment d'aventure en vendant tous nos meubles et effets personnels qui étaient trop grands pour tenir dans notre mini-fourgonnette. Nous avons soigneusement choisi uniquement les meubles essentiels, comme des lits et une table à manger, que nous avons confiés à un déménageur pour les transporter jusqu'à notre nouvelle maison dans le Michigan. Pour le reste, nous avons rempli notre minivan à ras bord avec nos ustensiles de cuisine, nos épices, nos sacs de vêtements, notre télévision et autres objets nécessaires. Tout ce que nous ne pouvions pas emporter avec nous, nous le donnions aux voisins, aux amis et à la famille, ou nous le jetions simplement à la benne à ordures.

Ce fut une période passionnante mais difficile alors que nous nous préparions à commencer une nouvelle vie dans le

Michigan. Nous étions conscients du temps glacial dans cette région, encore plus froid que le New Jersey, et nous ne connaissions pas grand monde, à l'exception d'un ami qui a promis de nous présenter à d'autres. Malgré notre jeune fille, nous étions déterminés à relever ces défis de front et à sortir victorieux de l'autre côté.

Je me souviens de la nuit où nous avons tout emballé et remis nos affaires au déménageur dans l'après-midi. Nous avons chargé la camionnette de nuit et sommes partis pour notre voyage du New Jersey au Michigan un lundi. Quelques jours plus tôt, j'avais quitté mon emploi actuel et j'ai passé le samedi et le dimanche à faire mes valises. Nous avons roulé toute la nuit, espérant atteindre notre destination le matin et nous diriger directement vers le bureau.

Cependant, il neigeait beaucoup cette nuit-là et nous n'avions pas équipé nos pneus pour les routes hivernales. Pour ne rien arranger, notre GPS était obsolète, avec des cartes datant de plusieurs années. Malgré ces difficultés, nous avons réussi à trouver la route principale et avons compté sur les indications de nos amis pour localiser notre destination dans la communauté nouvellement construite. Nous avons suivi tous les gros véhicules que nous pouvions trouver sur la route pour rester en sécurité dans l'obscurité et la neige.

Finalement, nous sommes arrivés chez notre ami tard dans la nuit, pour constater qu'il s'était endormi et ne répondait pas à nos coups à sa porte. La zone était couverte d'une épaisse couche de neige et la température était bien en dessous de zéro. Notre fille étant agitée dans la voiture, nous avons attendu un moment et avons sonné à la porte plusieurs fois, en vain. J'ai décidé de m'aventurer dans le bâtiment et de vérifier la fenêtre arrière de son appartement. En pataugeant dans la neige jusqu'aux genoux, j'ai appelé son nom, et il s'est finalement réveillé et est venu devant me remettre les clés.

Nous avons ouvert l'appartement et constaté qu'il n'y avait ni meubles ni lit, juste un tapis nu. Cependant, il faisait chaud et il ne faisait pas trop froid. Nous avons improvisé en déposant des couettes pour que notre fille puisse dormir dans la chambre. Quant à nous, nous nous sommes contentés de quelques couettes au sol et avons passé la nuit du mieux que nous pouvions.

Le lendemain matin, je suis allé au bureau pour commencer mon nouveau travail. J'étais responsable du support technique, gérant le système de tickets pour HP et leur client, Delphi Auto Parts, qui possédait des usines partout dans le monde. Mon équipe et moi avons géré la réinitialisation des mots de passe, la gestion du serveur Windows et d'autres tâches connexes. Malgré les difficultés initiales, les choses ont commencé à se mettre en place à mesure que nous nous sommes liés d'amitié avec d'autres familles indiennes qui travaillaient également dans la même entreprise. Nous formions un groupe très uni et nous nous réunissions chez quelqu'un tous les samedis pour une petite fête et une réunion.

Chaque soir, après une longue journée de travail, je rentrais à la maison et trouvais ma fille ennuyée et agitée. Le froid rigoureux et le temps glacial à l'extérieur rendaient difficile pour elle de sortir et de jouer, et elle n'avait pas encore d'amis dans notre nouveau quartier. Les week-ends étaient le seul moment où nous pouvions aller chez quelqu'un et où elle pouvait rencontrer quelques enfants, mais cela ne suffisait pas pour la divertir tout au long de la semaine.

Pour ajouter un peu d'excitation à ses soirées, ma femme et moi avons commencé à l'emmener dans un McDonald's voisin qui avait une aire de jeux pour enfants. Nous lui commandions un repas pour enfants, accompagné d'un petit jouet qu'elle attendrait avec impatience. Dès notre entrée, ses yeux s'illuminaient de joie lorsqu'elle repéra l'aire de jeu colorée. Il y avait des tunnels, des toboggans et des marches qu'elle parcourait avec enthousiasme, riant et riant pendant qu'elle jouait.

Nous nous asseyions à une table voisine, sirotions une tasse de café chaud et regardions notre fille s'amuser dans l'aire de jeux. Elle se faisait de nouveaux amis, souvent d'autres enfants qui cherchaient également à se divertir à l'intérieur par temps froid. Ils couraient, grimpaient et glissaient ensemble, créant ainsi leurs propres petites aventures dans l'aire de jeu. C'était réconfortant de voir le visage de notre fille s'illuminer de bonheur alors qu'elle nouait de nouvelles relations et s'amusait.

L'aire de jeux McDonald's est devenue une partie intégrante de notre routine. C'était un endroit où notre fille pouvait dépenser son énergie, se faire des amis et avoir des interactions sociales indispensables. Cela nous a également offert un moment de répit, où nous avons pu nous détendre et profiter d'un bref moment ensemble tout en gardant un œil sur notre fille.

Malgré le temps froid et glacial dehors, la chaleur et les rires à l'intérieur de l'aire de jeux McDonald's ont apporté un sentiment de joie à nos soirées. C'est devenu un endroit spécial pour notre fille, où elle pouvait oublier le temps et le manque d'amis dans notre quartier et être simplement une enfant insouciante. Le petit jouet qui accompagnait le repas des enfants est également devenu un objet précieux pour elle, et elle le montrait avec enthousiasme à nous et à ses amis.

Avec le recul, ces soirées passées dans l'aire de jeux McDonald's ne concernaient pas seulement le divertissement qu'elle offrait à ma fille, mais aussi les précieux souvenirs que nous avions créés ensemble. Cela nous a rappelé que même au milieu des défis, nous pouvons trouver de la joie et du lien dans des endroits inattendus. Cela nous a appris l'importance de tirer le meilleur parti de chaque situation et de trouver des points positifs, même lors des journées les plus froides et les plus difficiles.

En quelques jours, la routine consistant à aller chaque soir au même McDonald's a commencé à perdre de son attrait. Ma femme et moi avons réalisé que nous avions besoin de changement et elle a suggéré d'aller en Inde pour rester avec sa mère pendant un certain temps. Elle pensait que notre fille, Tina, apprécierait la compagnie de ses cousins et des autres enfants dans le bâtiment, et que ce serait une bonne pause pour nous tous. Avec la perspective que Tina ait plus d'enfants avec qui jouer et l'atmosphère animée de l'Inde, nous avons décidé que cela valait le coup. Ce serait également l'été en Inde, contrairement au printemps froid que nous avons connu dans le Michigan.

Ma femme et Tina sont donc allées en Inde et je suis resté pour continuer à travailler. Mais le destin avait d'autres projets pour moi. Un jour, nous avons été convoqués à une réunion par la haute direction et, à notre grande surprise, on nous a dit que le projet était terminé et que tout le monde était licencié. Cela ne faisait que trois mois que j'avais commencé à travailler sur le projet, et nous n'avions pas économisé beaucoup d'argent pendant notre court séjour là-bas. On nous a demandé de faire nos valises et de ne pas retourner à notre bureau. C'était une expérience surréaliste, car nous avons été escortés jusqu'à nos bureaux pour récupérer nos effets personnels devant notre superviseur, mais nous n'avions pas le droit de toucher aux ordinateurs. C'était un rappel brutal de l'incertitude de la vie.

Le voyage en Inde ayant déjà épuisé nos économies, y compris les billets aller-retour coûteux, qui coûtent environ 1 500 dollars par personne, et les dépenses supplémentaires qui devraient être couvertes pendant que ma femme et ma fille étaient là-bas, je me suis retrouvé dans une situation difficile. Nous étions venus au Michigan pour seulement trois mois avec seulement trois mois de salaire, et maintenant j'avais perdu mon emploi. J'étais inquiet de la façon dont nous continuerions à payer le loyer mensuel de notre appartement, car j'avais signé un bail d'un an. Trouver un autre emploi est devenu ma priorité absolue, mais la situation semblait intimidante.

Malgré les défis, j'ai gardé espoir et déterminé à changer les choses pour ma famille. C'était une période difficile, mais je savais que je devais continuer à avancer et trouver une nouvelle source de revenus. Je ne savais pas que ce revers finirait par conduire à des opportunités imprévues et façonnerait nos vies de manière inattendue. Mais pour l'instant, je me concentrais sur la recherche d'un autre emploi pour garder la tête hors de l'eau et garantir que nous puissions continuer à subvenir à nos besoins au milieu de l'incertitude.

En approfondissant les principes de la loi de l'attraction, je suis devenu plus déterminé que jamais à réaliser le travail de mes rêves. J'ai suivi avec diligence toutes les étapes recommandées, sans rien négliger. J'ai mis à jour mon CV avec le plus grand soin, en veillant à ce qu'il reflète mes compétences et mon expérience sous le meilleur jour possible. Je l'ai publié sur divers portails d'emploi, attendant avec impatience le flot de réponses qui me parviendraient sûrement.

Mais je ne me suis pas arrêté là. J'ai compris que la visualisation était un outil puissant dans le processus de manifestation, j'ai donc commencé à me visualiser régulièrement dans mon travail idéal. Je fermais les yeux et m'imaginais assis sur une chaise confortable dans une cabine moderne, face à un écran d'ordinateur avec confiance et enthousiasme. J'imaginais un collègue s'approcher de moi avec un sourire, me félicitant pour un travail bien fait, et j'accepterais gracieusement ses éloges avec un remerciement et une poignée de main ferme. Ces visualisations vives ont alimenté ma motivation et m'ont permis de rester concentré sur mon objectif.

Je savais également que la préparation était la clé du succès, j'ai donc méticuleusement recherché et préparé les questions d'entretien potentielles. J'ai compilé une liste de questions et réponses courantes en entretien, je les ai mémorisées et je me suis entraîné à les poser avec sang-froid et confiance devant le miroir. Je me suis donné pour priorité de rester au courant des dernières tendances et actualités de l'industrie, en améliorant constamment mes connaissances et mes compétences pour garder une longueur d'avance sur la concurrence. J'ai mis à jour mon CV plusieurs fois, en veillant à ce qu'il soit toujours adapté aux exigences spécifiques de chaque candidature.

Malgré mes efforts, les jours passaient sans aucun résultat concret. J'ai reçu des appels de nombreux recruteurs et j'ai passé plusieurs premiers entretiens, mais rien ne semblait se concrétiser. L'anxiété intérieure menaçait de s'installer, mais je refusais de laisser le doute s'installer. J'ai consciemment remplacé toutes les pensées négatives par une foi inébranlable que je trouverais rapidement un emploi, encore plus rémunérateur que mon poste précédent. Je me suis rappelé qu'il ne s'agissait que d'un revers temporaire et que l'univers jouait en ma faveur, me guidant vers mes véritables désirs.

Un jour, j'ai reçu un appel d'un recruteur qui m'a informé d'un besoin urgent à la Washington Mutual Bank (WAMU) pour un poste d'administrateur de serveur. En écoutant la description de poste, j'ai réalisé que j'étais parfaitement adapté au poste, mes compétences et ma certification MCSE correspondant parfaitement aux exigences. Je n'ai pas perdu de temps pour envoyer mon CV au recruteur, ressentant un élan d'enthousiasme et d'espoir. Je ne pouvais m'empêcher de m'imaginer dans ce rôle, accomplissant mes tâches avec expertise et satisfaction, entouré de collègues et de superviseurs heureux qui louaient mon travail.

Avec le recul, j'ai réalisé que perdre mon ancien emploi avait en fait été une bénédiction déguisée. Cela m'a conduit à cette opportunité à WAMU, qui semblait être la solution idéale pour moi et ma famille. Le confort et le bonheur de ma fille étaient une priorité pour moi et ce poste semblait offrir l'emplacement idéal pour nous. J'ai maintenant compris que l'univers avait répondu à mes prières d'une manière que je n'aurais pas pu anticiper. Cela m'a rappelé de faire confiance au processus, d'avoir une foi inébranlable et de continuer à visualiser le résultat souhaité avec une certitude absolue.

Avec une détermination renouvelée, j'attendais avec impatience une réponse positive du recruteur, prêt à saisir cette nouvelle opportunité avec enthousiasme et gratitude. J'étais reconnaissant pour le voyage qui m'avait amené à ce point et convaincu que ma foi et ma persévérance continues me mèneraient au travail de mes rêves. J'étais prêt à assumer mon nouveau rôle d'administrateur de serveur chez WAMU, entièrement préparé et équipé pour exceller dans mes responsabilités et me créer une carrière épanouissante.

L'e-mail du recruteur est arrivé dans ma boîte de réception et mon cœur a fait un battement. C'était l'opportunité que j'attendais : la chance d'être représenté par quelqu'un qui pourrait potentiellement me décrocher un emploi dans la prestigieuse entreprise WAMU. En retenant mon souffle, j'ai répondu, confirmant mon acceptation du tarif et exprimant mon empressement à ce que le recruteur me représente auprès de l'entreprise.

Les jours passaient et j'étais sous tension, attendant anxieusement l'appel pour l'entretien. Le recruteur m'avait assuré que l'appel pourrait avoir lieu à tout moment dans un jour ou deux, et je vérifiais constamment mon téléphone et mes e-mails pour toute mise à jour. Mais l'appel n'est jamais venu. Le lendemain se passa, puis le troisième, sans aucun mot du recruteur.

Agité et déçu, j'ai finalement pris les choses en main et j'ai appelé le recruteur pour me renseigner sur l'état des exigences du poste. À ma grande consternation, le recruteur m'a informé que le poste avait été pourvu et que mon CV n'avait pas été sélectionné. Cependant, il m'a assuré qu'il conserverait mon curriculum vitae dans ses dossiers et m'informerait si d'autres postes se présentaient à l'avenir. Cela a porté un coup dur à mes espoirs, mais j'ai essayé de garder le moral.

Je ne pouvais m'empêcher de ressentir un sentiment de nostalgie pour la vision que j'avais nourrie au cours des derniers jours. Je m'étais imaginé assis dans une cabine au 17ème étage du bâtiment WAMU, près de la fenêtre en verre qui surplombait les toits à couper le souffle de la ville de Seattle, Washington. C'était une image saisissante qui avait captivé mon imagination et je ne pouvais pas abandonner ce rêve.

Incapable de contenir ma curiosité, je me suis tourné vers Google Maps pour trouver l'emplacement du bâtiment de l'UMOA. Je ne pouvais pas imprimer la page, alors j'ai pris une feuille de papier vierge et j'ai dessiné un aperçu de la tour, marquant le sol sur lequel j'avais imaginé que ma cabine se trouverait. C'était un dessin enfantin, mais il m'a aidé à visualiser mon rêve de manière encore plus vivante.

J'ai étudié l'horizon de Seattle, fermant les yeux et essayant de visualiser les bâtiments, les routes et les gens du haut du 17ème étage. Je pouvais sentir l'excitation et le bonheur monter en moi alors que je m'imaginais assis près de la vitre, regardant la ville animée en contrebas. C'est devenu un rituel quotidien pour moi : m'asseoir tranquillement sur ma chaise, immobile, fermer les yeux et me plonger dans la scène du travail de mes rêves à l'UMAO.

Dans mon esprit, je pouvais voir quelqu'un venir derrière moi, me serrer la main et m'accueillir à l'UMOA. La scène s'est répétée dans mon esprit encore et encore, et à chaque fois, j'ai ressenti un élan de joie et de gratitude envers Dieu et l'univers pour m'avoir aidé à réaliser le travail de mes rêves.

J'ai continué à visualiser le travail de mes rêves chez WAMU plusieurs fois par jour, en y consacrant toute mon énergie et mon intention. C'est devenu une source d'inspiration et de motivation pour moi, me permettant de rester concentré et déterminé dans ma recherche d'emploi. Malgré le revers initial, j'ai refusé d'abandonner ma vision, croyant que ce n'était qu'une question de temps avant que mon rêve devienne réalité. Je suis resté reconnaissant pour cette opportunité et plein d'espoir pour l'avenir, convaincu que l'univers me réservait quelque chose d'encore mieux.

À mesure que la journée passait, je ne pouvais m'empêcher de continuer à visualiser l'opportunité qui pourrait se présenter à moi. J'attendais avec impatience un appel, espérant que quelque chose de positif se produirait. Juste au moment où je m'y attendais le moins, j'ai reçu un appel d'une personne nommée Suresh. Il s'est présenté comme quelqu'un qui travaillait pour Cognizant et m'a informé qu'il y avait une exigence pour un poste d'administrateur de serveur chez WAMU. Il m'a demandé si j'étais disponible et intéressé par l'opportunité. J'ai répondu oui avec empressement, me rappelant que j'avais reçu un appel de Cognizant il y a quelques jours pour un entretien qui n'a jamais eu lieu.

Suresh a précisé qu'il ne m'avait pas appelé auparavant, mais il a trouvé mon CV sur leur portail. Il a mentionné que quelqu'un de leur entreprise, Cognition, aurait pu le mettre là lorsque j'avais postulé pour un autre poste au sein de l'UMOA, qui était désormais fermé. Néanmoins, il pensait que mon CV correspondait aux exigences actuelles et il voulait savoir si j'étais intéressé. J'ai été ravi de cette possibilité et je lui ai demandé de m'envoyer la description de poste.

Bientôt, Suresh a partagé la description du poste avec moi et j'ai réalisé qu'elle était assez similaire à la précédente, à l'exception de l'inclusion de l'administration Linux avec Windows. Même si j'avais confiance en mes compétences en tant qu'administrateur de serveur Windows, je ne maîtrisais pas aussi bien Linux. J'avais quelques connaissances de base des commandes Linux grâce à mon expérience antérieure avec DOS et à mon utilisation occasionnelle de serveurs Linux, mais je n'avais jamais formellement étudié ni travaillé avec des serveurs Linux. J'ai fait part de mes inquiétudes à Suresh, déclarant que je ne pouvais pas lui assurer que je serais en mesure de réussir l'entretien en raison de mon expérience limitée avec Linux.

Cependant, Suresh m'a rassuré en me disant de ne pas m'en inquiéter. Il m'a suggéré de répondre aux questions liées à Linux au meilleur de mes connaissances et que si j'étais sélectionné, ce serait formidable, sinon ils continueraient à chercher d'autres opportunités appropriées pour moi. J'ai apprécié son soutien et j'ai accepté de tenter le coup. J'ai reçu de sa part le formulaire Droit de représentation (RTR), que j'ai rapidement rempli et renvoyé.

Dès le lendemain, Suresh m'a rappelé pour planifier l'entretien avec le manager. Il m'a demandé ma disponibilité et quand je pourrais me joindre, ce à quoi j'ai répondu avec empressement et volonté de commencer le plus tôt possible. Nous avons finalisé l'heure de l'entretien et Suresh a également mentionné qu'il avait dressé une liste de 10 questions qui avaient été posées aux autres candidats lors d'entretiens précédents pour le même poste. Il a pensé qu'il serait utile que je me prépare à ces questions, car elles pourraient également être abordées lors de mon entretien. Il m'a envoyé la liste et j'étais ravi de les avoir en main. J'avais déjà compilé une série de questions issues de mes entretiens précédents, j'ai donc ajouté les questions de Suresh à ma liste, en faisant ma priorité absolue. J'ai créé un document Word séparé et répondu avec diligence à chaque question, en les développant avec du contenu supplémentaire que j'ai rassemblé grâce à des recherches approfondies sur Internet. Je me suis assuré que le langage utilisé était naturel et conversationnel, plutôt que de donner l'impression que je lisais un script. Une fois mes réponses finalisées, je les ai répétées à plusieurs reprises, attendant avec impatience le jour de l'entretien.

Dans mon esprit, je m'imaginais déjà réussir l'entretien et obtenir le poste. Je ne pouvais m'empêcher de penser à l'augmentation potentielle de mes revenus par rapport à mon emploi précédent ou à celui dont j'ai récemment été licencié. J'étais déterminé à tout donner et à faire forte impression lors de l'entretien, convaincu que cette opportunité pourrait être un tournant dans ma carrière.

Le jour de l'entretien était enfin arrivé et j'étais déterminé à réussir. J'avais passé des heures à me préparer, notant méticuleusement toutes les questions possibles et leurs réponses idéales dans un document Word. Le document était volumineux, s'étendant sur 8 à 10 pages et contenant près de 100 questions. Même si je ne pouvais pas tout mémoriser textuellement, je me suis assuré de bien comprendre les concepts et de me souvenir des éléments clés de chaque réponse au mieux de mes capacités.

Pour perfectionner davantage mes compétences, je me suis entraîné devant le miroir, m'imaginant assis dans le bureau du 17ème étage du bâtiment WAMU, surplombant la magnifique ligne d'horizon de Seattle. Je pouvais voir les bâtiments, les routes, les voitures et les gens s'affairer pendant que je donnais mes réponses avec confiance, en ajoutant des pauses, des « euh » et des « aaas » pour les rendre plus naturelles et spontanées.

Finalement, le moment arriva et l'entretien commença par les premières présentations. Au début des questions, j'ai été agréablement surpris de constater que la première question posée était identique à celle de ma liste. C'était mot à mot, comme si je le lisais sur ma feuille. J'ai pris une profonde inspiration, je me suis composé et j'ai livré ma réponse bien préparée, en m'assurant d'avoir l'air authentique et de ne pas donner l'impression que je lisais quelque part.

Les enquêteurs ont semblé impressionnés par mes réponses et nous sommes passés à la question suivante, qui correspondait encore une fois exactement à ma deuxième question sur la feuille. J'ai répondu avec confiance et le schéma s'est poursuivi pour la troisième, la quatrième, la cinquième et jusqu'à la dixième question. Pas une seule question n'était en dehors de celles pour lesquelles je m'étais préparé. Les intervieweurs semblaient satisfaits de ma performance et, à la fin de l'entretien, ils ont pratiquement confirmé qu'ils aimeraient travailler avec moi.

À la fin de l'appel, je n'ai pas pu contenir mon enthousiasme. C'était comme si j'avais déjà obtenu le poste. Je n'ai cependant pas été surpris, car dans mon esprit, je m'étais déjà imaginé travailler à WAMU au 17ème étage, avec une vue imprenable sur les toits de Seattle depuis mon bureau. Il ne restait plus qu'à attendre leur réponse, qu'ils promettaient de fournir dans la journée. Tout le monde autour de moi était ravi et l'impatience était palpable. J'attendais avec impatience la confirmation de l'emploi de mes rêves, où je pouvais voir l'horizon de Seattle depuis le 17ème étage du bâtiment WAMU.

Après mon entretien, j'attendais le résultat avec impatience, sachant au fond de moi que j'avais attiré ce poste. J'ai reçu un appel de Suresh, qui voulait savoir comment s'était déroulé l'entretien. Il m'a assuré qu'il parlerait à mon responsable du recrutement en mon nom. À peine une heure plus tard, il m'a rappelé avec la nouvelle la plus étonnante : j'avais été sélectionné pour le poste ! J'étais ravi et rempli d'enthousiasme, mais pas du tout surpris. Je savais que l'univers avait répondu à mes prières et accédé à ma demande.

Je n'ai pas perdu de temps pour appeler ma femme pour lui annoncer la bonne nouvelle. Tout le monde dans ma famille était ravi pour moi. Le lendemain, Suresh a rappelé, cette fois pour discuter de la rémunération. À mon grand étonnement, ils m'ont proposé le salaire le plus élevé pour ce poste, soit encore plus que ce que je gagnais auparavant. De plus, comme Washington n'avait pas d'impôt d'État, c'était pour moi une double victoire en termes d'économies. Sans aucune hésitation, j'ai accepté l'offre avec plaisir.

Une fois que tout s'est mis en place, j'ai emballé mes affaires et je me suis envolé pour Seattle, où j'ai séjourné temporairement dans un hôtel tout en cherchant un appartement. J'avais des économies limitées et j'attendais avec impatience mon premier salaire, mais je ne voulais pas perdre de temps en commençant mon nouvel emploi lundi comme prévu. J'ai rapidement trouvé un appartement et j'ai pris des dispositions pour emménager bientôt. En attendant, je restais à l'hôtel, comptant avec impatience les jours jusqu'au début officiel de mon travail.

L'anticipation était palpable alors que je me dirigeais vers l'adresse que Suresh m'avait donnée. C'était au centre-ville de

Seattle et je ne pouvais m'empêcher d'être ravi à l'idée de travailler dans un quartier aussi animé et dynamique. J'avais imaginé un bâtiment moderne avec des baies vitrées offrant une vue panoramique sur l'horizon emblématique de Seattle. Cependant, alors que je suis entré dans le bâtiment et que je me suis dirigé vers le deuxième étage, je n'ai pas pu m'empêcher d'être un peu déçu. L'environnement était sombre, avec de vieilles cabines qui ne semblaient pas à leur place dans la ville moderne.

Suresh m'a conduit vers une cabine et m'a fait signe de m'asseoir. J'ai regardé autour de moi, essayant de repérer l'horizon de Seattle, mais tout ce que je pouvais voir, c'était les fenêtres au bord du couloir. Ce n'était pas la vue grandiose que j'avais imaginée et je ne pouvais m'empêcher de ressentir un pincement au cœur de déception. Cependant, je me suis rapidement rappelé que j'étais reconnaissant pour l'opportunité d'emploi à l'UMOA, même si la vue ne correspondait pas à mes visualisations. Après tout, tout dans la vie ne se déroule pas exactement comme nous l'imaginons, et j'étais toujours reconnaissant pour le travail qui m'avait attiré.

Suresh a ensuite mentionné que nous devions nous rendre au bâtiment voisin pour récupérer mon ordinateur portable. J'étais curieux de savoir pourquoi nous devions aller dans un autre bâtiment, et il m'a expliqué que le bâtiment suivant était celui où se trouvaient les employés de l'UMOA, y compris mon manager, Greg Seaberg. Il a en outre précisé qu'en tant qu'entrepreneurs, nous étions assis dans un bâtiment séparé avec d'autres entrepreneurs. J'ai hoché la tête en signe de compréhension et je l'ai suivi jusqu'au bâtiment suivant, débordant de curiosité à l'idée de rencontrer mon manager et de commencer mon nouvel emploi.

Alors que nous nous dirigions vers l'autre bâtiment, je n'ai pas pu m'empêcher de réfléchir à quel point les choses étaient différentes de ce que j'avais initialement imaginé. Néanmoins, je suis resté optimiste et reconnaissant de l'opportunité de travailler à l'UMOA, avec un revenu plus élevé et un climat meilleur que celui du Michigan. Ma famille allait bientôt me rejoindre et j'étais déterminé à tirer le meilleur parti de ce nouveau chapitre de ma vie, malgré les différences entre mes visualisations et la réalité.

Alors que je marchais aux côtés de Suresh, nous avons descendu le bâtiment et nous sommes dirigés vers le bout du pâté de maisons. Seattle, avec ses nombreuses pentes et collines rappelant San Francisco, présentait une topographie unique à parcourir. La ville semblait monter et descendre à un rythme continu tandis que nous nous dirigions vers le centre-ville, qui descendait vers la mer. Alors que nous approchions de notre destination, je n'ai pas pu contenir mon enthousiasme lorsque j'ai vu le bâtiment que je n'avais vu que sur Google auparavant : le bâtiment WAMU.

Mes rêves de visualisation se réalisaient un par un alors que je me tenais devant le bâtiment exact que j'avais imaginé.

J'ai silencieusement remercié l'univers pour ce moment incroyable alors que j'attendais avec impatience que le feu pour piétons passe au vert pour que nous puissions traverser la rue. Alors que nous étions là, je n'ai pas pu m'empêcher de me sentir submergé de gratitude d'être réellement là, témoin de ce moment se dérouler. Finalement, le panneau de signalisation est devenu blanc et nous avons traversé la route pour entrer dans le bâtiment. Suresh, muni de sa carte d'identité, a ouvert la voie et nous sommes entrés dans le bâtiment en direction des ascenseurs. Je n'ai pas pu m'empêcher de remarquer que le bâtiment comptait 22 étages, un nombre important, alors que je regardais nerveusement le standard, ne sachant pas où nous allions.

Suresh, d'un geste confiant, leva la main et appuya sur un bouton du standard. Mon cœur a raté un battement lorsque j'ai vu le chiffre 17, l'étage exact que j'avais visualisé. Je ne pouvais pas croire ma chance lorsque les portes de l'ascenseur se sont fermées et nous avons commencé à monter jusqu'au 17ème étage. L'anticipation était palpable lorsque les portes de l'ascenseur se sont ouvertes et que nous sommes sortis. Suresh a ouvert la voie et je l'ai suivi de près, naviguant dans les allées jusqu'à ce que nous tournions à droite vers le mur de verre au bord du bâtiment.

Mon excitation a atteint son paroxysme lorsque j'ai regardé le mur de verre, exactement comme je l'avais visualisé. Contrairement au bâtiment précédent que j'avais visité, celui-ci possédait un mur entièrement en verre, offrant une vue imprenable sur la ville en contrebas. Nous avons été accueillis par Matt, un autre manager de notre équipe, qui nous a informé que Greg, mon manager direct, nous rejoindrait sous peu. Alors que nous discutions avec Matt, je n'ai pas pu m'empêcher de ressentir un sentiment d'appartenance lorsqu'il m'a accueilli dans l'équipe. Quelques instants plus tard, Greg est arrivé et nous avons échangé des poignées de main avant de me montrer la cabine juste à côté de la sienne.

Greg a montré l'ordinateur portable sur le bureau et m'a informé que c'était à moi de l'utiliser. Il m'a fourni un mot de passe temporaire pour me connecter et je l'ai rapidement réinitialisé pour créer mon propre mot de passe. J'ai enregistré les modifications et Suresh a exprimé sa gratitude à Greg pour son temps, me laissant un sentiment d'enthousiasme et d'anticipation pour le nouveau chapitre à venir.

Je ne pouvais pas contenir mon excitation alors que Greg me conduisait à ma cabine. Il fit un geste vers l'ordinateur portable sur le bureau et le sac pour ordinateur portable à côté. J'ai rapidement fermé l'ordinateur portable et l'ai soigneusement mis dans le sac, en m'assurant que tout était en place. J'avais hâte de rejoindre Suresh et de retourner au bâtiment de l'entrepreneur, mais Greg avait des projets différents.

"Où vas-tu?" » a demandé Greg, me prenant au dépourvu. J'ai cherché une réponse, ne sachant pas quoi dire. J'ai marmonné quelque chose à propos de retourner au bâtiment de l'entrepreneur, mais Greg a secoué la tête.

"Non, tu n'y vas pas," dit-il fermement. "C'est votre cabine. Vous devez vous asseoir ici, à côté de moi. Je gère cette équipe et vous me rendrez compte."

Suresh avait l'air surpris et je pouvais voir le point d'exclamation dans son expression. Il fit un signe de tête à Greg en disant : "D'accord, Greg. C'est bien." Il s'est ensuite tourné vers moi et m'a dit : "D'accord, Tony. S'il te plaît, fais-moi savoir si tu as besoin de quelque chose de ma part. Tu as mon numéro. Appelle-moi si tu as besoin de quelque chose et je te verrai plus tard." Sur ce, Suresh est parti, me laissant seul avec Greg.

Je me suis assis dans ma cabine, ressentant un mélange de nervosité et d'excitation. J'ai demandé à Greg de m'aider à installer l'ordinateur portable et d'autres équipements, et il m'a patiemment guidé tout au long du processus. Une fois que tout était en place, j'ai levé les yeux et j'ai remarqué la paroi vitrée à côté de ma cabine. L'ensemble du mur était en verre, offrant une vue imprenable sur la ville de Seattle.

Je n'ai pas pu résister à l'envie de me lever et de marcher vers le mur de verre. Alors que j'étais là, j'étais stupéfait. De gauche à droite, je pouvais voir l'horizon de Seattle, avec de grands immeubles s'élevant vers le ciel. Devant l'horizon se trouvait la mer, avec de gros navires et des grues de chargement et de déchargement de conteneurs bordant le rivage. La mer était d'une nuance de vert fascinante et le ciel au-dessus était peint dans des tons de bleu avec des nuages blancs duveteux. C'était encore plus beau que ce que j'avais imaginé dans mes rêves, et je me sentais submergé de gratitude que mon rêve se réalise dans les moindres détails.

Je ne pouvais pas croire que je faisais désormais partie de cette ligne d'horizon, assis dans ma cabine avec une vue qui dépassait mon imagination la plus folle. J'ai ressenti un sentiment d'accomplissement et d'épanouissement que les mots ne pouvaient pas décrire. J'étais reconnaissant envers Greg de m'avoir donné cette opportunité et j'étais déterminé à travailler dur et à en tirer le meilleur parti. Alors que je m'asseyais à mon bureau, je ne pouvais pas effacer le sourire de mon visage. Mon cœur était rempli de joie et j'étais prêt à me lancer dans ce nouveau chapitre de ma vie, reconnaissant pour la manifestation de mes rêves.

Après avoir expérimenté le pouvoir de la loi de l'attraction, ma foi en son efficacité était inébranlable. J'étais rempli d'une conviction inébranlable que tout ce que je pouvais visualiser, je pouvais le réaliser. J'ai immédiatement appelé ma femme pour lui raconter l'incroyable histoire de la façon dont mes visualisations avaient pris vie dans mon nouveau travail.

Je lui ai raconté de manière vivante comment j'avais visualisé chaque détail du bureau dans lequel j'étais assis lorsque je cherchais un emploi, et comment exactement ce même bureau s'était matérialisé sous mes yeux lorsque j'avais obtenu le poste. Les murs de verre qui offraient une vue imprenable sur les toits de Seattle, les navires colorés naviguant au loin, les bâtiments et les voitures animés - chaque détail était exactement tel que je l'avais visualisé dans mon esprit. J'étais impressionné par le pouvoir de la visualisation et de la manifestation, car j'avais réussi à concrétiser mes désirs.

En réfléchissant à cette expérience, j'ai réalisé que manifester mes visualisations n'avait pas été une tâche difficile du tout. Il suffisait simplement de m'asseoir et d'imaginer une scène dans laquelle j'étais le directeur de ma propre vie, avec le pouvoir de façonner chaque situation et circonstance. J'avais le contrôle et je pouvais décider de ce qui allait se passer. Je pourrais créer une scène de ma vie qui me rendrait vraiment heureux, avec tous les personnages et éléments nécessaires, réels ou imaginaires.

J'avais appris que la clé d'une visualisation efficace était de rendre les scènes aussi vivantes et réelles que possible. Je pouvais ressentir les sensations, toucher et interagir avec les objets, et vivre les émotions associées à mes désirs comme s'ils étaient déjà réels. Plus mes visions devenaient claires à chaque répétition, plus l'univers répondait à mes prières, m'accordant exactement ce que j'avais demandé.

J'avais également compris que je n'avais pas besoin de me préoccuper des étapes ou des processus pour réaliser mes désirs. Je devrais me concentrer uniquement sur le résultat final – la destination où je voulais être dans ma vie. J'avais besoin de visualiser cette destination dans toute sa splendeur, avec chaque détail et chaque information, comme si j'y étais déjà arrivé.

Si je désirais être multimillionnaire, je me voyais comme tel. Je me voyais avoir l'air prospère, vêtue de vêtements luxueux, conduisant des voitures de luxe, vivant dans un grand manoir avec une vaste cour arrière et un portail d'entrée impressionnant. Je pouvais imaginer le personnel qui travaillerait chez moi - le gérant de la maison, les cuisiniers, les femmes de ménage, les organisateurs - répondant tous à tous mes besoins. Je pouvais imaginer le style de vie d'un multimillionnaire, avec tous les privilèges et avantages qui en découlent.

Mais la visualisation ne se limitait pas à la seule richesse matérielle. Certaines personnes pourraient imaginer devenir un artiste renommé, un chanteur, un danseur ou un peintre. D'autres pourraient rêver de devenir un homme d'affaires prospère, un médecin, un avocat ou toute autre profession correspondant à leurs aspirations. La beauté de la visualisation était qu'elle pouvait être adaptée aux désirs et aux objectifs de chacun.

J'ai encouragé chacun à prendre le temps de vraiment comprendre ce qu'il voulait dans la vie et de le visualiser avec la plus grande clarté et le plus de détails. Je les ai invités à s'imaginer avoir déjà atteint leurs objectifs et à ressentir les émotions associées à ce succès. J'ai souligné que le pouvoir de la visualisation était immense et qu'elle pouvait véritablement les aider à concrétiser leurs rêves.

En concluant mon histoire, j'espérais que mes expériences inspireraient les autres à exploiter le pouvoir de la visualisation et à atteindre leurs propres objectifs. La clé était de croire en la loi de l'attraction, d'avoir une foi inébranlable dans le pouvoir de la visualisation et de prendre des mesures délibérées pour réaliser leurs désirs. Avec de la détermination, de la concentration et de la conviction, n'importe qui peut créer la vie qu'il désire vraiment.

Chapitre 1 4 . Surmonter les croyances limitantes et les obstacles

A. Comprendre les croyances limitantes

Les croyances limitantes sont des schémas de pensée et des croyances négatives qui vous empêchent d'atteindre votre plein potentiel. Ces croyances peuvent être liées à votre situation financière, à votre estime de soi, etc.

B. Identifier les croyances limitantes

Faites attention aux discours intérieurs négatifs : Faites attention aux discours intérieurs négatifs et identifiez les croyances limitantes qui pourraient vous retenir.

Journalisez vos pensées : notez vos pensées et vos sentiments dans un journal pour vous aider à identifier les croyances limitantes qui pourraient être présentes.

C. Surmonter les croyances limitantes

Remplacez les pensées négatives par des affirmations positives : Remplacez les pensées négatives et les croyances limitantes par des affirmations positives et un discours intérieur.

Entourez-vous d'influences positives : Entourez-vous d'influences positives, telles que des personnes qui réussissent et des amis et une famille qui vous soutiennent.

Pratiquez la gratitude : pratiquez la gratitude et concentrez-vous sur les aspects positifs de votre vie, plutôt que de vous attarder sur les aspects négatifs.

D. Surmonter les obstacles

Anticiper les défis : anticipez les défis et les obstacles qui peuvent survenir et mettez en place un plan pour les surmonter.

Soyez persévérant : Soyez persévérant dans vos efforts pour atteindre vos objectifs financiers, même lorsque des obstacles surviennent.

Apprendre des échecs : apprendre des échecs et les utiliser comme opportunités de croissance et d'apprentissage.

E. Conclusion

Surmonter les croyances limitantes et les obstacles est un élément clé de la loi de l'attraction et de la réussite financière. En identifiant et en surmontant les croyances limitantes, en persévérant face aux obstacles et en pratiquant la gratitude, vous pouvez attirer la richesse et le succès dans votre vie et atteindre vos objectifs financiers.

Chapitre 1 5 . Comprendre les croyances limitantes et comment elles vous retiennent

A. Définition des croyances limitantes

Les croyances limitantes sont des schémas de pensée et des croyances négatives qui vous empêchent d'atteindre votre plein potentiel. Ces croyances peuvent être liées à votre situation financière, à votre estime de soi, etc.

B. Exemples de croyances limitantes

Je ne serai jamais riche : cette croyance limitante peut vous empêcher de prendre les mesures nécessaires vers la réussite financière.

L'argent est la racine de tous les maux : cette croyance peut vous empêcher de voir les aspects positifs de la richesse et de poursuivre la réussite financière.

Je ne suis pas digne de la richesse : cette croyance limitante peut vous empêcher de prendre les mesures nécessaires vers la réussite financière et conduire à un sentiment de faible estime de soi.

C. Comment les croyances limitantes vous retiennent

Limitez votre potentiel : Les croyances limitantes limitent votre potentiel et vous empêchent de prendre les mesures nécessaires vers la réussite financière.

Créer un discours intérieur négatif : les croyances limitantes créent un discours intérieur négatif et peuvent conduire à un sentiment de faible estime de soi.

Empêcher l'action : Des croyances limitantes peuvent vous empêcher d'agir pour atteindre vos objectifs financiers et attirer la richesse et le succès dans votre vie.

D. Surmonter les croyances limitantes

Remplacez les pensées négatives par des affirmations positives : Remplacez les pensées négatives et les croyances limitantes par des affirmations positives et un discours intérieur.

Entourez-vous d'influences positives : Entourez-vous d'influences positives, telles que des personnes qui réussissent et des amis et une famille qui vous soutiennent.

Pratiquez la gratitude : pratiquez la gratitude et concentrez-vous sur les aspects positifs de votre vie, plutôt que de vous attarder sur les aspects négatifs.

E.Conclusion

Comprendre les croyances limitantes et la manière dont elles vous freinent est un élément important de la loi de l'attraction et de la réussite financière. En identifiant et en surmontant vos croyances limitantes, vous pouvez attirer la richesse et le succès dans votre vie et atteindre vos objectifs financiers. En vous concentrant sur un discours intérieur positif, en vous entourant d'influences positives et en pratiquant la gratitude, vous pouvez développer un état d'esprit plus positif et plus réussi.

Chapitre 1 6 . Stratégies pour surmonter les croyances limitantes

A. Identifier les croyances limitantes

La première étape pour vaincre les croyances limitantes est de les identifier. Demandez-vous quelles pensées et croyances négatives vous retiennent et notez-les. Cela vous aidera à comprendre sur quoi vous devez travailler.

B. Recadrer les croyances limitantes

Une fois que vous avez identifié vos croyances limitantes, recadrez-les. Par exemple, si vous pensez que « l'argent est la racine de tous les maux », reformulez-le en « l'argent est un outil qui peut être utilisé pour le bien ».

C. Remettre en question les croyances limitantes

Remettez en question vos croyances limitantes en vous demandant si elles sont vraiment vraies. Pouvez-vous penser à des exemples dans votre vie ou dans la vie des autres qui contredisent vos croyances limitantes ? Cela vous aidera à comprendre que vos croyances limitantes ne sont pas des vérités absolues.

D. Entourez-vous d'influences positives

Entourez-vous d'influences positives, telles que des personnes qui réussissent, des amis et des membres de votre famille qui vous soutiennent, ainsi que des livres et des médias positifs. Cela vous aidera à développer un état d'esprit positif et réussi.

E. Pratiquez un discours intérieur positif

Pratiquez un discours intérieur positif en vous répétant chaque jour des affirmations positives. Cela vous aidera à intérioriser vos croyances positives et à surmonter vos pensées négatives et vos croyances limitantes.

F. Concentrez-vous sur vos forces et vos réalisations

Concentrez-vous sur vos forces et vos réalisations plutôt que sur vos limites et vos échecs. Cela vous aidera à développer votre confiance en vous et votre estime de soi, et à surmonter les croyances limitantes liées à l'estime de soi.

G. Demander l'aide d'un professionnel

Si vous avez du mal à surmonter vous-même vos croyances limitantes, envisagez de demander l'aide d'un professionnel. Un thérapeute ou un coach peut vous aider à identifier et à surmonter les croyances limitantes et à développer un état d'esprit positif et réussi.

H.Conclusion

Surmonter les croyances limitantes est un élément important de la loi de l'attraction et de la réussite financière. En utilisant les stratégies décrites ci-dessus, vous pouvez identifier et surmonter les croyances limitantes et attirer la richesse et le succès dans votre vie. N'oubliez pas que changer les schémas de pensée négatifs demande du temps et de la patience, mais avec de la persévérance et de la détermination, vous pouvez développer un état d'esprit positif et réussi.

Chapitre 1 7 . Faire face aux obstacles et aux revers

A. Reconnaître les obstacles et les revers comme des opportunités

Il est important de reconnaître les obstacles et les revers comme des opportunités de croissance et d'apprentissage. Au lieu de les considérer comme des échecs, considérez-les comme des défis qui vous aideront à devenir plus fort et plus résilient.

B. Restez positif

Maintenez une attitude positive même face aux obstacles et aux revers. N'oubliez pas que les revers sont temporaires et que vous avez le pouvoir de les surmonter.

C. Restez concentré sur vos objectifs

Restez concentré sur vos objectifs, même face aux obstacles et aux revers. Rappelez-vous pourquoi vous fixez vos objectifs et ce que vous espérez atteindre. Cela vous aidera à rester motivé et à rester sur la bonne voie.

D. Trouver des solutions

Au lieu de vous attarder sur le problème, concentrez-vous sur la recherche de solutions. Demandez-vous ce que vous pouvez faire pour surmonter l'obstacle ou le revers et agissez.

E. Rechercher de l'aide

Recherchez le soutien de vos amis, de votre famille ou d'un entraîneur si vous avez besoin d'aide pour surmonter un obstacle ou un revers. Avoir quelqu'un à qui parler peut vous aider à rester positif et motivé.

F. Apprenez de vos erreurs

Apprenez de vos erreurs et utilisez ce que vous avez appris pour vous améliorer à l'avenir. Cela vous aidera à éviter des obstacles et des revers similaires à l'avenir.

G. Restez engagé envers vos objectifs

Restez engagé envers vos objectifs, même face aux obstacles et aux revers. N'oubliez pas que les revers font naturellement partie du chemin vers le succès et que vous avez le pouvoir de les surmonter.

H.Conclusion

Les obstacles et les revers font naturellement partie du chemin vers le succès. En restant positif, concentré et engagé envers vos objectifs, vous pouvez surmonter les obstacles et les revers et atteindre vos objectifs financiers. N'oubliez pas de considérer les obstacles et les revers comme des opportunités de croissance et d'apprentissage, et de rester motivé et concentré sur vos objectifs.

Chapitre 18. De la maladie au bien-être :

Le potentiel de guérison de la loi de l'attraction pour atteindre une santé optimale.

Vous connaissez déjà l'incroyable pouvoir de la loi de l'attraction qui peut être utilisée pour manifester l'abondance et le succès dans tous les domaines de la vie. Vous savez qu'en concentrant vos pensées et vos croyances sur des résultats positifs, vous pouvez manifester la vie de vos rêves. Mais saviez-vous que ce même pouvoir peut également s'appliquer à votre santé ? C'est vrai : la loi de l'attraction peut vous aider non seulement à attirer la richesse, mais également à créer des miracles pour votre bien-être physique et mental. Vos pensées et croyances ont un effet profond sur votre bien-être physique et, en exploitant le pouvoir de la loi de l'attraction, vous pouvez créer des miracles pour votre santé.

Beaucoup d'entre nous sont aux prises avec des problèmes de santé à un moment ou à un autre de leur vie. Nous pouvons ressentir une douleur chronique, une maladie ou simplement un sentiment général de mal-être. Ces défis peuvent être insurmontables et il est facile de se sentir impuissant face aux diagnostics et traitements médicaux. Mais la vérité est que nous ne sommes pas aussi impuissants qu'on pourrait le penser. Nos pensées et nos croyances ont un impact profond sur notre corps et, en exploitant le pouvoir de la loi de l'attraction, nous pouvons réellement promouvoir la guérison et le bien-être.

Pour commencer, il est crucial de reconnaître le lien entre nos pensées, nos émotions et notre bien-être physique. Les pensées et émotions négatives peuvent affecter notre santé physique, tandis que les pensées positives peuvent favoriser la guérison et le bien-être. En effet, nos pensées et nos émotions émettent une fréquence vibratoire qui peut avoir un impact sur nos cellules et nos organes. Notre corps vibre constamment, comme tout le reste de l'univers. Lorsque notre vibration est faible, nous pouvons ressentir des symptômes physiques et des maladies. Cependant, lorsque notre vibration est élevée, nous nous sentons énergiques et en bonne santé. La loi de l'attraction souligne que nous attirons ce que nous vibrons, ce qui signifie que les émotions négatives comme le stress, la peur et la colère génèrent des fréquences plus basses qui peuvent perturber le flux d'énergie dans notre corps et provoquer des déséquilibres physiques et émotionnels. Ces déséquilibres peuvent entraîner divers problèmes de santé, allant d'une légère fatigue à des maladies chroniques comme le cancer et les maladies cardiaques. À l'inverse, les émotions positives comme la gratitude, l'amour et la joie génèrent des fréquences plus élevées qui favorisent la guérison et le rajeunissement de notre corps. Lorsque nous nous concentrons sur les pensées et les émotions positives, nous pouvons aligner notre champ énergétique sur celui de l'univers et, ce faisant, attirer une bonne santé et une bonne vitalité.

Alors, comment pouvons-nous utiliser ces connaissances pour promouvoir la santé et la guérison ? En gardant cela à l'esprit, il est facile de voir comment la loi de l'attraction peut être utilisée pour améliorer votre santé. La première étape consiste à cultiver des pensées et des croyances positives concernant notre corps et notre santé. En vous concentrant sur les pensées et émotions positives, vous pouvez créer une fréquence vibratoire qui attire la santé et la vitalité. Cela peut être difficile, surtout si nous sommes aux prises avec des problèmes de santé depuis longtemps. Mais rappelez-vous que la loi de l'attraction fonctionne avec ce sur quoi nous nous concentrons, donc si nous continuons à nous concentrer sur notre maladie ou notre douleur, nous n'en attirerons que davantage. Au lieu de cela, nous devons nous concentrer sur des pensées de santé et de bien-être. Cela signifie abandonner les croyances et les émotions négatives qui peuvent vous retenir et vous concentrer plutôt sur ce que vous voulez créer dans votre vie.

Visualisation : La visualisation est une technique efficace pour utiliser la loi de l'attraction pour améliorer votre santé. En vous visualisant en parfaite santé, votre subconscient commencera à croire que c'est vrai et vous attirerez cette réalité dans votre vie. Pour commencer, prenez quelques respirations profondes et fermez les yeux. Imaginez-vous plein d'énergie, dynamique et heureux. Voyez-vous participer à vos activités préférées et vous sentir bien. Gardez cette image dans votre esprit pendant quelques minutes et répétez cette pratique régulièrement.

Une façon d'améliorer votre pratique de visualisation consiste à utiliser des méditations guidées spécialement conçues pour la visualisation de la santé. Vous pouvez les trouver en ligne ou dans des applications de méditation guidée. Par exemple, une méditation guidée pour visualiser une santé parfaite pourrait vous demander de visualiser une lumière vive entrant dans votre corps et vous remplissant d'énergie de guérison. Lorsque vous visualisez cette lumière, vous pouvez également vous répéter des affirmations positives, telles que « Je suis en bonne santé et fort ».

En plus de la visualisation, il est important d'agir pour atteindre vos objectifs de santé. La loi de l'attraction peut aider à créer des miracles, mais elle est également importante pour soutenir votre corps avec des habitudes et des pratiques saines. Cela peut inclure une alimentation nutritive, une activité physique régulière et des pratiques de soins personnels qui soutiennent votre bien-être physique, émotionnel et spirituel. En combinant la visualisation avec des habitudes saines, vous pouvez créer une puissante synergie qui vous aide à atteindre une santé et un bien-être optimaux.

Affirmations positives pour la santé :

Les affirmations sont utilisées depuis des siècles pour reprogrammer le subconscient et aligner nos pensées et nos émotions sur nos désirs. Le pouvoir des affirmations réside dans leur capacité à façonner nos croyances, nos attitudes et nos comportements en créant de nouvelles voies neuronales dans notre cerveau. Lorsque nous répétons des affirmations positives liées à la santé et au bien-être, nous envoyons un message à notre subconscient selon lequel nous sommes capables d'atteindre une santé et une vitalité optimales.

L'un des aspects les plus importants des affirmations est le langage que nous utilisons. Il est essentiel de formuler nos affirmations sous un jour positif et d'éviter les langages négatifs tels que « Je ne suis pas malade » ou « Je n'ai pas mal ». Au lieu de cela, nous devrions nous concentrer sur ce que nous voulons réaliser, comme « Je suis en bonne santé et dynamique » ou « Je ne souffre pas et je suis plein d'énergie ». Ce cadre positif nous aide à créer une perspective plus positive et à attirer plus de positivité dans nos vies.

Un autre élément clé des affirmations est la répétition. Il est important de répéter régulièrement nos affirmations, silencieusement ou à voix haute, pour renforcer le message positif que nous envoyons à notre subconscient. En répétant nos affirmations de manière cohérente, nous pouvons commencer à changer notre état d'esprit et nos croyances concernant notre santé et notre bien-être.

Enfin, il est important de pratiquer les affirmations avec intention et pleine conscience. Nous devons choisir des affirmations qui nous touchent personnellement et qui correspondent à nos objectifs et à nos désirs. Il est également utile de réserver du temps chaque jour pour nous concentrer sur nos affirmations et nous visualiser en train d'atteindre les résultats souhaités. Ce faisant, nous pouvons exploiter le pouvoir de notre subconscient et manifester la santé et la vitalité que nous désirons.

Voici quelques exemples supplémentaires d'affirmations liées à la santé que vous pouvez utiliser pour améliorer votre bien-être :

Mon corps est fort, sain et résilient.

Je suis plein d'énergie et de vitalité.

Je rayonne de bonne santé et de bien-être.

Je suis reconnaissant pour mon corps et tout ce qu'il fait pour moi.

J'ai confiance dans la capacité de mon corps à se guérir.

Chaque cellule de mon corps vibre de santé et de vitalité.

Je suis en paix avec mon corps et mon esprit.

Je suis libéré de la douleur et de l'inconfort.

Je suis rempli d'amour et de compassion pour moi-même et pour les autres.

Je vis une vie pleine de santé, de bonheur et d'abondance.

Les affirmations sont un outil puissant pour améliorer notre santé et notre bien-être. En utilisant un langage positif, en répétant régulièrement nos affirmations et en les pratiquant avec intention et pleine conscience, nous pouvons reprogrammer notre subconscient et attirer plus de santé et de vitalité dans nos vies.

Gratitude pour la santé : La gratitude est une émotion incroyablement puissante qui présente de nombreux avantages pour la santé. Cela peut faire passer notre champ énergétique du négatif au positif, attirant plus de positivité et d'abondance dans nos vies. En nous concentrant sur les choses pour lesquelles nous sommes reconnaissants, nous pouvons améliorer notre bien-être général et favoriser la guérison de notre corps.

Il existe de nombreuses façons de pratiquer la gratitude. Un moyen simple consiste à prendre quelques instants chaque jour pour écrire ou réfléchir aux choses pour lesquelles vous êtes reconnaissant dans votre vie. Cela peut aller de votre santé et de votre famille au toit au-dessus de votre tête et à la nourriture sur votre table. Voici quelques autres exemples de la façon dont vous pouvez exercer votre gratitude dans votre vie quotidienne :

Journal de gratitude : créez un journal de gratitude dans lequel vous notez chaque jour les choses pour lesquelles vous êtes reconnaissant. C'est une excellente façon de réfléchir aux aspects positifs de votre vie et de vous concentrer sur les bonnes choses.

Méditation de gratitude : prévoyez du temps chaque jour pour méditer sur les choses pour lesquelles vous êtes reconnaissant. Concentrez-vous sur votre respiration et permettez-vous de ressentir de la gratitude pour les bénédictions de votre vie.

Pot de gratitude : créez un pot de gratitude dans lequel vous écrivez chaque jour quelque chose pour lequel vous êtes reconnaissant sur un bout de papier et mettez-le dans le pot. Au fil du temps, vous pourrez revenir sur tout ce que vous avez écrit et réfléchir aux aspects positifs de votre vie.

Lettre de gratitude : écrivez une lettre à quelqu'un pour lequel vous êtes reconnaissant, exprimant votre gratitude pour sa présence dans votre vie. Cela peut être un exercice puissant pour cultiver la gratitude et renforcer vos relations.

En intégrant la gratitude dans votre vie quotidienne, vous pouvez déplacer votre énergie vers la positivité et l'abondance, favorisant ainsi la guérison et le bien-être de votre corps et de votre esprit.

La loi de l'attraction et le pouvoir de la pensée positive peuvent avoir un impact profond sur notre santé et notre bien-être en général. Ces concepts peuvent être appliqués à tous les aspects de notre vie, y compris notre santé physique, mentale et émotionnelle. En exploitant le pouvoir de nos pensées et de nos croyances, nous pouvons créer des miracles et même guérir des maladies autrefois considérées comme incurables.

Il est important de noter que la loi de l'attraction ne remplace pas un traitement médical ou un avis professionnel. Il est destiné à être utilisé conjointement avec ces éléments, comme approche complémentaire de la guérison. Cela dit, voyons comment la loi de l'attraction peut avoir un impact positif sur notre santé.

Nos pensées et nos croyances sont incroyablement puissantes. Ils ont la capacité de façonner notre réalité et d'influencer les résultats que nous vivons dans nos vies. Lorsqu'il s'agit de notre santé, nos pensées et nos croyances peuvent avoir un impact sur notre bien-être physique, mental et émotionnel. Si nous pensons et craignons constamment de tomber malade, nous pouvons en fait attirer la maladie dans nos vies. Nos pensées négatives et nos peurs peuvent affaiblir notre système immunitaire et nous rendre plus susceptibles de tomber malade. D'un autre côté, si nous nous concentrons sur la santé et le bien-être, nous pouvons obtenir des résultats positifs et créer un corps et un esprit plus forts et plus sains.

La loi de l'attraction fonctionne sur le principe selon lequel nous pouvons manifester nos désirs et nos objectifs en concentrant nos pensées et notre énergie sur eux. En utilisant ce même principe, nous pouvons également manifester une bonne santé et un corps sans maladie. Cela peut paraître farfelu, mais de nombreuses études ont démontré que nos pensées et nos croyances peuvent avoir un impact direct sur notre santé physique.

L'une des premières étapes pour exploiter le pouvoir de la loi de l'attraction sur notre santé est d'abandonner les pensées négatives. Les pensées et émotions négatives peuvent avoir un impact profond sur notre santé physique. En abandonnant les pensées et les émotions négatives, nous libérons de l'espace pour que l'énergie positive et la santé circulent dans nos vies. Nous pouvons pratiquer la pleine conscience et la méditation pour devenir plus conscients de nos pensées et de nos émotions. Lorsque des pensées ou des émotions négatives surgissent, nous pouvons les reconnaître et les laisser partir. Se concentrer sur les pensées et les émotions positives peut nous aider à attirer plus de santé et de bien-être dans nos vies.

Une autre étape importante pour exploiter le pouvoir de la loi de l'attraction sur notre santé consiste à prendre soin de soi. Prendre soin de notre bien-être physique et émotionnel est crucial pour une bonne santé. En pratiquant des activités de soins personnels comme la méditation, le yoga ou l'exercice régulier, nous pouvons réduire le stress, favoriser la relaxation et augmenter notre niveau d'énergie. Ces activités peuvent également nous aider à développer un sentiment de paix intérieure et de contentement, ce qui peut avoir un impact positif sur notre bien-être général.

Faire confiance à l'univers est également un aspect crucial de la loi de l'attraction. En étant convaincus que l'univers a à cœur nos meilleurs intérêts, nous pouvons abandonner la peur et l'anxiété et attirer plus d'énergie positive dans nos vies. Faire confiance à l'univers, c'est croire que nous méritons une bonne santé et un bien-être. Nous pouvons abandonner les pensées négatives et croire que l'univers nous soutient. Ce faisant, nous pouvons attirer la bonne santé et le bien-être dans nos vies.

Conclusion : Prendre soin de sa santé physique est crucial en plus d'utiliser les techniques de la Loi de l'Attraction. Cela implique de maintenir une alimentation saine, de faire de l'exercice régulièrement et de se reposer et de dormir suffisamment. Ce faisant, nous établissons une base solide pour que la loi de l'attraction fonctionne efficacement.

En conclusion, la Loi de l'Attraction est un outil puissant pour améliorer notre santé et notre bien-être. En étant conscients de nos pensées et de nos croyances, en pratiquant les affirmations, la visualisation et la gratitude, ainsi qu'en prenant soin de notre santé physique, nous pouvons obtenir des résultats positifs et même nous guérir de maladies autrefois considérées comme incurables. La clé est de croire au pouvoir de la loi de l'attraction et d'avoir foi dans le processus de guérison.

En résumé, en appliquant la loi de l'attraction, nous pouvons attirer une santé et un bien-être optimaux dans nos vies. En nous concentrant sur les pensées et les émotions positives, en abandonnant la négativité et en ayant confiance dans l'univers, nous pouvons créer une vie plus heureuse et plus saine. Il est important de garder à l'esprit que la connexion entre l'esprit et le corps est un outil puissant et que nos pensées et nos émotions peuvent avoir un impact significatif sur notre santé physique.

Cependant, il est essentiel de noter que la loi de l'attraction ne remplace pas un traitement ou un conseil médical. Si vous rencontrez des problèmes de santé, il est toujours important de demander conseil à un professionnel de la santé qualifié. Néanmoins, en combinant la loi de l'attraction avec un traitement médical, nous pouvons améliorer notre processus de guérison.

En fin de compte, la loi de l'attraction peut être un outil puissant pour atteindre une santé et un bien-être optimaux. En alignant nos pensées, nos émotions et notre énergie sur nos désirs, nous pouvons manifester une bonne santé et même guérir des maladies que l'on croyait auparavant incurables. Prendre soin de soi, se libérer des pensées négatives et avoir confiance en l'univers sont essentiels pour attirer la bonne santé et le bien-être dans nos vies.

Chapitre 19 : Comment la loi de l'attraction peut vous aider à sauver votre mariage

Le mariage est un lien sacré entre deux individus qui se réunissent dans l'espoir de construire une vie d'amour, de camaraderie et de bonheur. Cependant, à mesure que le temps passe, les pressions et les exigences de la vie quotidienne peuvent avoir des conséquences néfastes sur la relation, entraînant des sentiments de distance, de méfiance et de ressentiment.

Si vous rencontrez des difficultés dans votre mariage, la loi de l'attraction peut vous aider à changer les choses et à reconstruire l'amour et la confiance que vous partagiez autrefois. La loi de l'attraction est une force puissante qui fonctionne sur la base du principe selon lequel vous attirez dans votre vie les choses sur lesquelles vous vous concentrez et auxquelles vous consacrez votre énergie. Par conséquent, si vous vous concentrez sur des pensées et des émotions positives, vous attirerez des résultats et des expériences positifs dans votre vie, notamment un mariage heureux et épanouissant.

Voici quelques conseils pratiques sur la façon d'utiliser la loi de l'attraction pour sauver votre mariage :

Visualisez un mariage heureux et épanouissant : Passez du temps chaque jour à visualiser votre mariage tel que vous aimeriez qu'il soit. Imaginez-vous et votre partenaire comme heureux et amoureux, communiquant ouvertement et honnêtement et se soutenant mutuellement dans tous les aspects de la vie. Concentrez-vous sur les sentiments et émotions positifs évoqués par cette visualisation et laissez ces émotions remplir votre cœur.

Pratiquez la gratitude : faites un effort conscient pour apprécier et reconnaître les choses que votre partenaire fait pour vous, aussi petites soient-elles. En vous concentrant sur les aspects positifs de votre mariage, vous attirerez plus de positivité et d'amour dans votre relation.

Communiquez ouvertement et honnêtement : L'un des principaux facteurs qui contribuent aux problèmes conjugaux est le manque de communication. Engagez-vous à communiquer ouvertement et honnêtement avec votre partenaire, en partageant vos pensées, vos sentiments et vos préoccupations. En faisant cela, vous créerez un espace de compréhension mutuelle et d'empathie, ce qui est essentiel pour une relation saine et aimante.

Abandonnez la négativité : Garder des rancunes et des sentiments négatifs peut être toxique pour un mariage. Au lieu de cela, pratiquez le pardon et abandonnez toutes les émotions négatives auxquelles vous pourriez vous accrocher. Cela créera un espace de guérison et de changement positif dans votre relation.

Concentrez-vous sur le moment présent : Au lieu de vous attarder sur les erreurs du passé ou de vous soucier de l'avenir, concentrez-vous sur le moment présent et profitez au maximum du temps que vous passez avec votre partenaire. Cela vous aidera à apprécier les petits moments de joie et de connexion dans votre mariage et à les développer.

En conclusion, la loi de l'attraction peut être un outil puissant pour sauver un mariage en difficulté. En vous concentrant sur la positivité, la gratitude et la communication ouverte, vous pouvez attirer plus d'amour et de bonheur dans votre relation et créer le mariage épanouissant et durable que vous méritez.

Chapitre 20 : Enfants

Comment la loi de l'attraction peut vous aider dans votre relation avec vos enfants

En tant que parent, vos enfants sont les choses les plus précieuses de votre vie. Vous voulez les voir réussir, faire de bons choix et avoir une vie heureuse. Cependant, ils peuvent parfois sembler emprunter la mauvaise voie, ne pas écouter vos conseils et ne prendre aucune responsabilité. Cela peut être une situation difficile et stressante pour tout parent, mais il existe un moyen d'améliorer votre relation avec vos enfants et de les guider vers un avenir meilleur. Cela passe par la loi de l'attraction.

La loi de l'attraction ne consiste pas seulement à manifester la richesse ou le succès ; cela peut également s'appliquer aux relations, y compris la relation avec vos enfants. En comprenant et en pratiquant les principes de la loi de l'attraction, vous pouvez devenir un meilleur ami et un meilleur guide pour vos enfants, les aidant à prendre les bonnes décisions et à avancer dans la vie en toute confiance.

La première étape pour utiliser la loi de l'attraction pour améliorer votre relation avec vos enfants est de vous concentrer sur les pensées et l'énergie positives. Au lieu de vous soucier de ce qu'ils font de mal, concentrez-vous sur les choses qu'ils font bien. Recherchez les qualités positives de vos enfants et concentrez-vous sur celles-ci. Lorsque vous vous concentrez sur des pensées et une énergie positives, vous attirez des choses plus positives dans votre vie, notamment de meilleures relations avec vos enfants.

Un autre aspect important de l'utilisation de la loi de l'attraction avec vos enfants est de lâcher prise. Vous ne pouvez pas contrôler les décisions de vos enfants, mais vous pouvez contrôler vos réactions à leur égard. Ayez confiance que vos enfants prendront les bonnes décisions et ayez confiance en leur capacité de le faire. Lorsque vous lâchez le contrôle, vous donnez à vos enfants la liberté de grandir et d'apprendre de leurs erreurs, ce qui est une partie essentielle du chemin vers le succès.

La communication est également essentielle pour améliorer votre relation avec vos enfants. Pratiquez l'écoute active et assurez-vous que vous entendez vraiment ce qu'ils disent. Lorsqu'ils partagent leurs pensées et leurs sentiments avec vous, validez leurs émotions et faites preuve d'empathie. Cela les aidera à se sentir compris et soutenus, ce qui peut conduire à une meilleure communication et à une relation plus solide.

Lorsque vos enfants font de mauvais choix ou adoptent des comportements malsains, il peut être difficile de savoir quoi faire. Cependant, en utilisant la loi de l'attraction, vous pouvez aborder la situation avec amour et positivité. Au lieu de les critiquer ou de les punir, essayez de comprendre les causes sous-jacentes de leur comportement. Cherchent-ils de l'attention ou de la validation ? Souffrent-ils d'anxiété ou de dépression ? En comprenant les causes profondes de leur comportement, vous pouvez les guider vers des choix plus sains et une attitude plus positive.

En plus de vous concentrer sur les pensées et l'énergie positives, d'abandonner le contrôle et de pratiquer l'écoute active, la loi de l'attraction peut vous aider d'autres manières à améliorer votre relation avec vos enfants. La visualisation est un outil puissant qui peut vous aider à manifester des résultats positifs dans votre vie. Passez du temps chaque jour à visualiser votre relation avec vos enfants comme étant heureuse, saine et solidaire. Imaginez-les faire des choix positifs, atteindre leurs objectifs et mener une vie heureuse. Cela peut vous aider à déplacer votre énergie et à attirer des expériences plus positives dans votre vie.

Une autre façon d'utiliser la loi de l'attraction avec vos enfants est de leur donner l'exemple d'un comportement positif. Les enfants apprennent par l'exemple, et s'ils vous voient pratiquer des pensées et une énergie positives, ils sont plus susceptibles de faire de même. Assurez-vous de prendre soin de votre propre santé émotionnelle et mentale et de prendre soin de vous. Cela vous aidera non seulement à devenir un meilleur parent, mais cela donnera également un exemple positif à vos enfants.

En conclusion, la loi de l'attraction peut être un outil puissant pour améliorer votre relation avec vos enfants. En vous concentrant sur les pensées et l'énergie positives, en abandonnant le contrôle, en pratiquant l'écoute active et en utilisant la visualisation, vous pouvez être en harmonie avec vos enfants.

Chapitre 21 : La loi de l'attraction au bureau :

Dans le monde compétitif des entreprises d'aujourd'hui, il est essentiel non seulement de posséder les compétences et les qualifications nécessaires, mais également d'avoir une attitude et un état d'esprit positifs pour réussir. C'est là qu'intervient la loi de l'attraction, car c'est un outil puissant qui peut vous aider à attirer le succès, la reconnaissance et l'appréciation au bureau.

Si vous êtes constamment confronté à des problèmes dans vos projets et que vous vous sentez sous-évalué au bureau, il est temps de changer votre état d'esprit et votre approche du travail. La première étape pour réussir en utilisant la loi de l'attraction est de vous concentrer sur vos pensées et vos émotions. Nos pensées créent notre réalité, et si vous avez constamment des pensées négatives, vous attirerez des résultats négatifs. Alors, commencez à penser positivement à vous-même et à votre travail, croyez en vous et en vos capacités, et pratiquez la gratitude pour les opportunités qui se présentent à vous.

Ensuite, il est essentiel de travailler vos relations avec vos collègues et supérieurs au bureau. Il ne suffit pas d'être bon dans son travail ; vous devez également être considéré comme un joueur d'équipe et une influence positive sur le lieu de travail. Concentrez-vous sur l'établissement de relations basées sur la confiance, le respect et l'empathie. Soyez gentil, solidaire et collaboratif avec vos collègues, et offrez votre aide et votre assistance autant que possible. Cela contribuera à créer un environnement de travail positif et vos collègues seront plus susceptibles d'apprécier et de valoriser vos contributions.

Un autre facteur essentiel pour utiliser la loi de l'attraction pour réussir au bureau est d'être proactif et de prendre des initiatives. N'attendez pas que les opportunités se présentent à vous ; créez-les plutôt vous-même. Assumez des responsabilités et des défis supplémentaires et présentez vos compétences et capacités à vos supérieurs. Cela démontrera votre engagement et votre dévouement envers votre travail et fera de vous un employé précieux.

De plus, il est important d'être flexible et adaptable au changement. Le monde de l'entreprise est en constante évolution et il est essentiel de se tenir au courant des dernières tendances et technologies. Soyez ouvert à l'acquisition de nouvelles compétences et à l'élargissement de votre base de connaissances. Cela vous aidera à garder une longueur d'avance et fera de vous un atout pour votre entreprise.

Enfin, n'oubliez pas de visualiser votre réussite en utilisant la loi de l'attraction. Créez une image mentale des résultats que vous désirez et visualisez-vous en train de les atteindre. Cela vous aidera à concentrer vos pensées et vos énergies sur la réalisation de vos objectifs et augmentera vos chances de succès.

En conclusion, la loi de l'attraction peut être un outil puissant dans le monde de l'entreprise si elle est utilisée correctement. En vous concentrant sur vos pensées, vos émotions, vos relations, votre proactivité, votre adaptabilité et votre visualisation, vous pouvez attirer le succès, l'appréciation et la reconnaissance au bureau. Alors, commencez dès aujourd'hui à pratiquer la loi de l'attraction et constatez les changements positifs qu'elle apporte à votre vie professionnelle.

Chapitre 22 : Faible estime de soi :

Pour ceux qui souffrent d'une faible estime de soi, la loi de l'attraction peut aider à renforcer la confiance en soi, l'amour-propre et une image de soi positive.

La faible estime de soi est un problème courant qui peut causer beaucoup de détresse et avoir un impact négatif sur la vie. Cela peut faire douter de leur valeur et de leurs capacités, conduisant à un manque de confiance et à une image de soi négative. Cependant, la loi de l'attraction peut être utilisée comme un outil pour aider à développer l'estime de soi et à créer une image de soi positive.

La loi de l'attraction stipule que nous attirons ce à quoi nous pensons et sur lequel nous nous concentrons. Par conséquent, lorsque l'on pense constamment négativement à soi-même, on attire davantage de négativité dans sa vie. Cette négativité peut prendre la forme d'expériences, de personnes et de situations négatives qui renforcent leurs croyances négatives sur eux-mêmes. Cependant, en changeant leurs pensées et leurs croyances, ils peuvent attirer la positivité et se construire une vie meilleure.

Pour commencer à développer l'estime de soi, il est important de prendre d'abord conscience de son discours intérieur négatif. Un discours intérieur négatif peut être extrêmement dommageable et renforcer les croyances négatives à l'égard de soi-même. Prendre conscience de ces pensées négatives et les remplacer par des affirmations positives peut être un outil puissant pour renforcer l'estime de soi.

Les affirmations positives sont des déclarations qui affirment des croyances positives sur soi-même. Par exemple, au lieu de dire « je ne suis pas assez bon », on peut dire « je suis digne et capable ». Ces affirmations peuvent être répétées tout au long de la journée, écrites ou même visualisées en méditation ou lors d'un exercice de visualisation.

Les exercices de visualisation sont un autre outil puissant pour développer l'estime de soi. En se visualisant comme confiant, prospère et heureux, on peut commencer à se créer une nouvelle réalité. Lors d'un exercice de visualisation, on peut s'imaginer dans des situations où l'on se sent en confiance et qui réussit. Cela peut être aussi simple que de s'imaginer faire une présentation réussie au travail ou socialiser avec des amis avec facilité et confiance.

En plus des affirmations positives et des exercices de visualisation, il est important de prendre soin de soi et de s'aimer soi-même. Cela peut inclure des activités telles que l'exercice, la méditation et le fait de passer du temps à faire des choses qui apportent de la joie et du bonheur. Lorsqu'une personne prend soin d'elle-même et de son bien-être, elle renforce ses croyances positives à son égard et développe son estime de soi.

La gratitude est un autre outil puissant pour développer l'estime de soi. Lorsqu'on se concentre sur le bien de sa vie et sur ce pour quoi on est reconnaissant, on attire plus de positivité et d'abondance dans sa vie. La gratitude peut être pratiquée en tenant un journal de gratitude, dans lequel on écrit chaque jour les choses pour lesquelles on est reconnaissant.

Il est important de se rappeler que développer l'estime de soi est un processus qui prend du temps. Il ne s'agit pas d'une solution miracle, mais d'un cheminement vers la création d'une image de soi positive et d'une vie meilleure. En pratiquant régulièrement des affirmations positives, des exercices de visualisation, des soins personnels et de la gratitude, on peut commencer à changer d'état d'esprit et à attirer plus de positivité dans sa vie.

En conclusion, une faible estime de soi peut être un problème difficile qui touche de nombreuses personnes. Cependant, en utilisant la loi de l'attraction et en se concentrant sur des pensées et des sentiments positifs à l'égard de soi, il est possible de développer l'estime de soi et de créer une image de soi positive. En pratiquant régulièrement des exercices d'amour-propre, de gratitude et de visualisation, on peut attirer plus de positivité et d'abondance dans sa vie, menant à une vie plus heureuse et plus épanouissante.

Chapitre 23 : Récupération de la dépendance :

La loi de l'attraction peut être utilisée pour vaincre la dépendance en se concentrant sur les pensées et les sentiments positifs et en créant une vie nouvelle et plus saine.

La dépendance est un problème grave qui touche des millions de personnes dans le monde. Cela peut être difficile à surmonter, car cela implique souvent une dépendance à la fois physique et psychologique. Cependant, la loi de l'attraction peut être un outil puissant dans le traitement de la dépendance, car elle se concentre sur les pensées et les sentiments positifs et sur la création d'une vie nouvelle et plus saine.

La loi de l'attraction est la croyance que les pensées et les sentiments positifs ou négatifs peuvent influencer la vie d'une personne et que le semblable attire le semblable. Par conséquent, si une personne se concentre sur des pensées et des sentiments positifs, elle attirera des résultats positifs dans sa vie. Cette croyance peut être appliquée au rétablissement de la dépendance, car l'individu peut l'utiliser pour créer un état d'esprit nouveau et positif et adopter un mode de vie plus sain.

L'une des premières étapes pour utiliser la loi de l'attraction pour vaincre la dépendance est de changer la façon dont on perçoit la dépendance. Au lieu de considérer la dépendance comme un obstacle insurmontable, les individus peuvent se concentrer sur les aspects positifs du rétablissement, tels que le sentiment de liberté et de contrôle qui accompagne la rupture du cycle de la dépendance. En déplaçant l'attention des aspects négatifs de la dépendance vers les aspects positifs du rétablissement, les individus peuvent commencer à attirer des résultats positifs dans leur vie.

Une autre façon d'utiliser la loi de l'attraction dans le traitement d'une dépendance est de se concentrer sur les affirmations positives. Les affirmations sont des déclarations positives qui se répètent pour changer d'état d'esprit. Par exemple, une personne aux prises avec une dépendance peut répéter l'affirmation suivante : « Je suis forte, capable et je contrôle ma vie ». En répétant régulièrement des affirmations positives, les individus peuvent reprogrammer leur subconscient pour se concentrer sur des pensées et des sentiments positifs.

En plus des affirmations positives, la visualisation peut également être un outil puissant dans le traitement de la dépendance. La visualisation consiste à créer des images mentales de soi en tant que personne saine et dynamique, libre de toute dépendance. Par exemple, une personne aux prises avec une dépendance à l'alcool peut se visualiser en train de se réveiller le matin avec une sensation de fraîcheur et d'énergie, au lieu d'avoir la gueule de bois et d'être léthargique. En visualisant régulièrement des résultats positifs, les individus peuvent commencer à attirer ces résultats dans leur vie.

Une autre façon d'utiliser la loi de l'attraction dans le traitement d'une dépendance est de se concentrer sur la gratitude. La gratitude implique de se concentrer sur les aspects positifs de sa vie et d'exprimer sa gratitude à leur égard. Par exemple, une personne aux prises avec une dépendance peut exprimer sa gratitude envers sa famille et ses amis qui le soutiennent ou pour l'opportunité d'assister à une réunion d'un groupe de soutien. En se concentrant sur la gratitude, les individus peuvent déplacer leur attention des pensées et des sentiments négatifs vers les positifs.

Enfin, la loi de l'attraction peut être utilisée pour attirer un mode de vie plus sain. Cela implique d'apporter des changements positifs à sa routine quotidienne, comme avoir une alimentation saine, faire régulièrement de l'exercice et s'engager dans des activités qui favorisent le bien-être mental et émotionnel. En adoptant un mode de vie plus sain, les individus peuvent créer pour eux-mêmes un environnement nouveau et positif, propice au rétablissement de la dépendance.

En conclusion, la loi de l'attraction peut être un outil puissant dans le traitement de la dépendance. En se concentrant sur les pensées et les sentiments positifs et en créant un nouveau mode de vie plus sain, les individus peuvent attirer des résultats positifs dans leur vie. Bien que le rétablissement d'une dépendance puisse être un parcours difficile, la loi de l'attraction fournit un cadre permettant aux individus de créer une vie positive et épanouissante, sans dépendance.

Chapitre 24 : Blocs créatifs :

Lorsqu'une personne a du mal à créer ou à innover, la loi de l'attraction peut être utilisée pour libérer les blocages créatifs et inspirer de nouvelles idées.

La créativité est un élément clé de la nature humaine et elle nous permet de nous exprimer et d'apporter quelque chose de nouveau au monde. Mais parfois, nous nous heurtons à un mur dans notre processus créatif et nous avons du mal à trouver de nouvelles idées. Cela peut être frustrant et démotivant, mais heureusement, la loi de l'attraction peut aider à libérer ces blocages créatifs et à libérer tout notre potentiel créatif.

Tout d'abord, il est important de comprendre que les blocages créatifs peuvent provenir de diverses sources. Parfois, il s'agit simplement d'un manque d'inspiration ou de motivation, tandis que d'autres fois, cela peut provenir de la peur ou du doute de soi. Quelle qu'en soit la cause, la loi de l'attraction peut aider à surmonter ces barrières et à mettre de nouvelles idées sur le devant de la scène.

Une façon d'utiliser la loi de l'attraction pour libérer les blocages créatifs est de se concentrer sur les pensées et les sentiments positifs. Cela signifie abandonner le discours intérieur négatif et se concentrer plutôt sur les croyances qui s'affirment soi-même. Par exemple, vous pourriez vous dire que vous êtes une personne créative avec une multitude d'idées ou que vous êtes capable de proposer quelque chose de vraiment unique et inspirant.

Une autre technique consiste à pratiquer la gratitude. En exprimant votre gratitude pour les choses que vous avez dans votre vie, vous pouvez détourner votre attention des pensées et des sentiments négatifs pour vous tourner vers un état d'esprit plus positif et axé sur l'abondance. Cela peut être particulièrement utile pour surmonter les blocages créatifs qui découlent de sentiments de manque ou de limitation.

La visualisation est un autre outil puissant qui peut être utilisé pour libérer des blocs créatifs. En vous visualisant en train de créer, d'innover et de réussir, vous pouvez créer une image mentale positive de ce que vous voulez réaliser. Cela peut vous aider à surmonter les sentiments de doute ou de peur et à concentrer votre esprit sur les possibilités et le potentiel qui existent en vous.

Il est également important d'être ouvert à de nouvelles expériences et idées. Souvent, des blocages créatifs surviennent parce que nous devenons trop figés dans nos habitudes ou trop concentrés sur un résultat spécifique. En nous ouvrant à de nouvelles expériences et idées, nous pouvons élargir notre perspective et permettre à une nouvelle inspiration d'affluer.

Une façon d'y parvenir est de rechercher de nouvelles sources d'inspiration. Qu'il s'agisse de suivre un cours, d'assister à un atelier ou simplement d'explorer un nouvel environnement, s'exposer à de nouvelles idées et expériences peut contribuer à susciter une nouvelle créativité et une nouvelle inspiration.

Enfin, il est important d'agir. Parfois, des blocages créatifs surviennent parce que nous sommes trop concentrés sur l'idée de perfection ou que nous avons trop peur de l'échec. Mais la vérité est que la seule façon de véritablement surmonter les blocages créatifs est d'agir et de commencer à créer. En vous exposant et en prenant des risques, vous pouvez dépasser vos peurs et créer quelque chose de vraiment unique et inspirant.

En conclusion, les blocages créatifs peuvent être une expérience frustrante et démotivante, mais en utilisant la loi de l'attraction, nous pouvons libérer ces blocages et exploiter tout notre potentiel créatif. En nous concentrant sur les pensées et les sentiments positifs, en pratiquant la gratitude, la visualisation, en étant ouverts à de nouvelles expériences et idées et en passant à l'action, nous pouvons débloquer un monde de créativité et d'innovation en nous-mêmes. Alors la prochaine fois que vous aurez du mal à trouver de nouvelles idées, rappelez-vous que le pouvoir de surmonter les blocages créatifs réside en vous et qu'avec l'aide de la loi de l'attraction, vous pourrez libérer tout votre potentiel créatif.

Chapitre 25 : Défis en matière de santé mentale :

La loi de l'attraction peut aider à lutter contre la dépression, l'anxiété et d'autres problèmes de santé mentale en modifiant les pensées et les croyances pour les concentrer sur la positivité et l'amour-propre.

La santé mentale est un aspect crucial du bien-être général. Les problèmes de santé mentale tels que la dépression, l'anxiété et d'autres problèmes de santé peuvent être débilitants et il peut être difficile de trouver des solutions efficaces. Cependant, la loi de l'attraction offre une approche unique pour aider les individus à améliorer leur santé mentale.

La loi de l'attraction repose sur l'idée que les pensées et les croyances créent notre réalité. En nous concentrant sur les pensées et les sentiments positifs, nous pouvons attirer des résultats positifs dans nos vies. Le même principe peut être appliqué aux problèmes de santé mentale. En remplaçant les pensées et croyances négatives par des pensées positives, les individus peuvent améliorer leur bien-être mental.

L'un des aspects clés de l'utilisation de la loi de l'attraction pour améliorer la santé mentale est la pleine conscience. La pleine conscience est la pratique consistant à être pleinement présent et conscient de ses pensées, de ses sentiments et de son environnement. En pratiquant la pleine conscience, les individus peuvent devenir plus conscients de leurs pensées et émotions négatives et apprendre à les remplacer par des positives.

Les affirmations positives sont un autre outil qui peut être utilisé pour améliorer la santé mentale. Les affirmations sont des déclarations positives qui se répètent pour renforcer des croyances positives. Des exemples d'affirmations pour la santé mentale incluent « Je suis digne et mérite d'être aimé », « Je suis fort et résilient » et « Je choisis de me concentrer sur le positif dans ma vie ».

La gratitude est également une composante essentielle de la loi de l'attraction et peut contribuer à améliorer la santé mentale. La gratitude implique de se concentrer sur les bonnes choses de la vie, ce qui peut aider à détourner l'attention des pensées et des émotions négatives. En pratiquant régulièrement la gratitude, les individus peuvent cultiver un état d'esprit positif et améliorer leur bien-être mental.

La visualisation est un autre outil puissant qui peut être utilisé pour améliorer la santé mentale. La visualisation consiste à s'imaginer dans un état positif et sain. En se visualisant comme étant en bonne santé et heureux, les individus peuvent créer une image mentale positive qui peut aider à manifester des résultats positifs.

En plus de ces outils, il est également important de prendre des mesures pratiques pour améliorer la santé mentale. Cela peut inclure la recherche de l'aide professionnelle d'un thérapeute ou d'un conseiller, la pratique de soins personnels et la participation à des activités qui apportent joie et épanouissement.

Il est essentiel de noter que recourir à la loi de l'attraction pour améliorer la santé mentale ne remplace pas l'aide d'un professionnel. Les personnes aux prises avec des problèmes de santé mentale devraient demander l'aide d'un professionnel de la santé qualifié. La loi de l'attraction peut être utilisée en conjonction avec un traitement professionnel pour améliorer le processus de guérison.

En conclusion, les problèmes de santé mentale peuvent être difficiles à surmonter, mais la loi de l'attraction offre une approche unique pour améliorer le bien-être mental. En pratiquant la pleine conscience, les affirmations positives, la gratitude, la visualisation et en prenant des mesures pratiques pour améliorer la santé mentale, les individus peuvent modifier leurs pensées et leurs croyances pour se concentrer sur la positivité et l'amour-propre. Ce faisant, ils peuvent créer une réalité plus positive et vivre une vie plus épanouissante.

Chapitre 26 : Luttes académiques :

La loi de l'attraction peut être utilisée pour aider les étudiants en difficulté scolaire en se concentrant sur des pensées positives, en créant des affirmations et en croyant en eux-mêmes.

Les difficultés académiques peuvent être une expérience difficile et frustrante pour les étudiants. Qu'il s'agisse de difficultés à comprendre un concept, de difficulté à se concentrer sur ses devoirs ou de se sentir dépassé par les cours, il peut être facile de tomber dans des schémas de pensée négatifs et dans un sentiment d'insuffisance. Cependant, en utilisant la loi de l'attraction, les étudiants peuvent transformer leurs difficultés scolaires en opportunités de croissance et de réussite.

La loi de l'attraction est un outil puissant qui peut être utilisé pour changer d'état d'esprit et se concentrer sur des résultats positifs. Il repose sur le principe selon lequel nos pensées et nos croyances créent notre réalité et qu'en nous concentrant sur des pensées et des sentiments positifs, nous pouvons attirer des expériences positives dans nos vies. En appliquant ce principe aux difficultés académiques, les étudiants peuvent commencer à changer leur état d'esprit et à obtenir des résultats scolaires positifs.

La première étape pour utiliser la loi de l'attraction pour la réussite scolaire consiste à identifier les schémas de pensée et les croyances négatives qui peuvent contribuer aux difficultés scolaires. Cela peut inclure des croyances telles que « Je ne suis pas assez intelligent » ou « Je ne pourrai jamais comprendre cela ». Une fois ces croyances négatives identifiées, elles peuvent être remplacées par des affirmations positives telles que « Je suis capable de comprendre cela » ou « J'ai la capacité de réussir académiquement ».

En plus des affirmations, la visualisation peut également être un outil puissant pour utiliser la loi de l'attraction afin d'améliorer les résultats scolaires. Visualiser des résultats positifs tels que réussir un test, comprendre un concept difficile ou recevoir une bonne note peut aider les étudiants à attirer ces expériences positives dans leur vie. En se concentrant sur ces résultats positifs, les élèves peuvent changer leur état d'esprit, passant d'un état d'esprit de défaite à un état d'esprit de possibilité et de potentiel.

Une autre façon d'utiliser la loi de l'attraction pour améliorer la réussite scolaire est de se concentrer sur la gratitude. En exprimant leur gratitude pour leurs réussites académiques, même minimes, les étudiants peuvent changer leur état d'esprit vers la positivité et attirer davantage de réussite scolaire. Cela peut être fait en tenant un journal de gratitude, en exprimant sa gratitude aux enseignants ou aux camarades de classe, ou simplement en prenant un moment pour réfléchir à des expériences académiques positives.

Il est important de noter que la loi de l'attraction n'est pas une solution magique aux difficultés académiques. Cela nécessite des efforts et un dévouement constants pour changer d'état d'esprit vers la positivité et les possibilités. Cependant, en utilisant cet outil, les étudiants peuvent commencer à constater des améliorations de leurs résultats scolaires et de leur état d'esprit général à l'égard de l'école.

En plus des efforts individuels, la loi de l'attraction peut également être utilisée dans un contexte de groupe tel qu'une salle de classe ou un groupe d'étude. En se concentrant collectivement sur des résultats scolaires positifs, les étudiants peuvent créer un environnement académique positif et favorable. Cela peut conduire à une motivation accrue, à des niveaux d'engagement plus élevés et, en fin de compte, à une meilleure réussite scolaire.

En conclusion, les difficultés académiques peuvent être difficiles et décourageantes, mais en utilisant la loi de l'attraction, les étudiants peuvent changer leur état d'esprit vers la positivité et attirer la réussite scolaire dans leur vie. En identifiant les schémas de pensée et les croyances négatives, en utilisant des affirmations et des visualisations positives, en exprimant leur gratitude et en créant un environnement académique positif, les étudiants peuvent surmonter les défis académiques et atteindre leur plein potentiel. N'oubliez pas que la réussite scolaire est à votre portée et que tout commence par un état d'esprit positif.

Chapitre 2 7 : Faire le pont entre la sagesse ancienne et la science moderne

La loi de l'attraction existe depuis des siècles et se retrouve dans divers textes anciens, notamment la Bible, le Tao Te Ching et les Upanishads. Il fait partie de nombreuses pratiques religieuses et spirituelles et ses principes ont été appliqués à différents domaines de la vie. Cependant, ce n'est que récemment que ce concept a été reconnu dans la science et la physique modernes.

Ces dernières années, la loi de l'attraction a gagné en popularité parmi les scientifiques et les chercheurs dans le domaine de la physique quantique. Ils ont exploré la relation entre la conscience humaine et le monde physique et ont découvert que les principes de la loi de l'attraction s'alignent sur leurs découvertes.

La physique quantique a montré que le monde physique n'est pas aussi objectif et déterministe qu'on le pensait auparavant. Elle est plutôt influencée par la conscience et la perception de l'observateur. En d'autres termes, la réalité dont nous faisons l'expérience est façonnée par nos pensées et nos croyances, et nous avons le pouvoir de manifester nos désirs dans le monde physique.

La loi de l'attraction repose sur l'idée que nous attirons dans notre vie ce sur quoi nous nous concentrons, qu'il soit positif ou négatif. Nos pensées et nos émotions ont une fréquence vibratoire qui attire des énergies similaires de l'univers. Par conséquent, si nous nous concentrons sur les pensées et les émotions positives, nous pouvons attirer des expériences et des résultats positifs dans notre vie.

De nombreux textes anciens ont également exploré l'idée de manifestation et le pouvoir de la pensée. Par exemple, le Tao Te Ching, un ancien texte chinois, déclare que « les pensées deviennent des choses ». De même, la Bible dit : « Il est tel que pense ce que pense son cœur. » Ces textes soulignent l'importance de se concentrer sur les pensées et croyances positives pour attirer des résultats positifs dans la vie.

La science moderne a également fourni des preuves qui soutiennent les principes de la loi de l'attraction. Des études en psychologie positive ont montré que la pratique de la gratitude, de la pensée positive et de la visualisation peut avoir un impact significatif sur le bien-être et la réussite d'une personne. Des études d'imagerie cérébrale ont également montré que lorsque nous nous concentrons sur des pensées et des émotions positives, cela peut entraîner des changements dans la structure et le fonctionnement du cerveau, conduisant à une plus grande résilience et à un bonheur général.

L'un des aspects les plus importants de la loi de l'attraction est qu'elle nous permet d'assumer la responsabilité de notre vie et de prendre le contrôle de nos pensées et de nos croyances. En nous concentrant sur les pensées et les émotions positives, nous pouvons changer notre perception du monde et attirer des expériences et des résultats positifs. Nous pouvons également abandonner les pensées et les émotions négatives qui nous empêchent d'atteindre nos objectifs.

Il existe plusieurs exercices que l'on peut pratiquer pour appliquer la loi de l'attraction dans sa vie. Certains d'entre eux incluent :

Visualisation : cela implique de créer des images mentales du résultat souhaité et de se visualiser en train de l'atteindre. Il est recommandé de visualiser en détail et avec émotion pour créer un lien plus fort avec le résultat souhaité.

Gratitude : Pratiquer la gratitude implique de se concentrer sur les aspects positifs de sa vie et d'en être reconnaissant. Cela aide à déplacer l'attention des pensées et émotions négatives vers les positives, attirant ainsi des expériences plus positives.

Affirmations : les affirmations sont des déclarations positives que l'on peut se répéter pour renforcer les croyances positives et attirer des résultats positifs.

Pleine conscience : pratiquer la pleine conscience implique d'être présent et conscient de ses pensées et de ses émotions, et d'apprendre à se débarrasser des pensées négatives.

En conclusion, la loi de l'attraction n'est pas seulement un concept spirituel ou religieux, mais elle est également reconnue dans la science et la physique modernes. Les principes de la loi de l'attraction s'alignent sur les résultats des études de physique quantique et d'imagerie cérébrale. Des textes anciens de différentes religions et régions du monde ont également exploré le concept de manifestation et le pouvoir de la pensée. En pratiquant des exercices tels que la visualisation, la gratitude, les affirmations et la pleine conscience, nous pouvons appliquer la loi de l'attraction dans nos vies et attirer des expériences et des résultats positifs.

Chapitre 28 . Le pouvoir de la loi de l'attraction pour penser comme et devenir millionnaire

Dans ce livre, nous avons exploré le pouvoir de la loi de l'attraction et comment l'utiliser pour penser comme un millionnaire et le devenir. Nous avons abordé des concepts clés tels que l'état d'esprit millionnaire, la visualisation, les tableaux de vision, les affirmations, l'établissement d'objectifs et la planification d'action, ainsi que le dépassement des croyances limitantes et des obstacles.

En suivant les stratégies décrites dans ce livre, vous pouvez entraîner votre cerveau à penser comme un millionnaire et à attirer la richesse et le succès dans votre vie. Il est important de se rappeler que la loi de l'attraction est un outil puissant, mais qu'elle ne constitue qu'une partie de l'équation. Vous devez également agir et vous engager envers vos objectifs afin de réussir financièrement.

Le chemin pour devenir millionnaire n'est peut-être pas facile, mais c'est possible. Avec du travail acharné, de la persévérance et une attitude positive, vous pouvez surmonter les obstacles et atteindre vos objectifs financiers. Alors commencez dès aujourd'hui en fixant des objectifs spécifiques et mesurables, en créant un tableau de vision et en utilisant des affirmations pour entraîner votre cerveau à penser comme un millionnaire.

N'oubliez pas que la richesse et le succès sont à votre portée. En adoptant la loi de l'attraction et en agissant, vous pouvez devenir millionnaire et vivre la vie de vos rêves.

Chapitre 29 . Résumé des points clés à retenir

Dans ce chapitre, nous résumerons les principaux points à retenir des chapitres précédents de « Pensez comme un millionnaire ». L'objectif de ce chapitre est de fournir une référence rapide aux lecteurs qui souhaitent revoir rapidement les principaux concepts abordés dans le livre.

1. Aperçu de la loi de l'attraction

La loi de l'attraction stipule que nous attirons dans notre vie ce sur quoi nous nous concentrons et croyons.

En nous concentrant sur des pensées et des croyances positives, nous pouvons attirer l'abondance et la prospérité dans nos vies.

2. La mentalité millionnaire

L'état d'esprit millionnaire se caractérise par un état d'esprit positif et abondant, un sens aigu du but et un engagement envers l'apprentissage continu et la croissance personnelle.

Pour développer l'état d'esprit millionnaire, vous devez adopter une attitude positive et abondante, vous concentrer sur vos points forts et cultiver un fort sentiment d'utilité.

3. A. La science de l'attraction

La science de l'attraction est basée sur le concept de la loi de l'attraction et sur le pouvoir de l'esprit d'influencer nos pensées et nos croyances.

En comprenant la science de l'attraction, vous pouvez apprendre à exploiter le pouvoir de votre esprit pour attirer l'abondance et la prospérité dans votre vie.

4. Comment entraîner votre cerveau à penser comme un millionnaire

Pour entraîner votre cerveau à penser comme un millionnaire, vous devez vous concentrer sur des pensées et des croyances positives, cultiver un fort sentiment d'utilité et adopter un état d'esprit de croissance.

En utilisant la visualisation, des tableaux de vision, des affirmations et un discours intérieur positif, vous pouvez entraîner votre cerveau à penser comme un millionnaire et à attirer l'abondance dans votre vie.

5. L'importance de visualiser vos objectifs

Visualiser vos objectifs est un moyen puissant d'attirer l'abondance et la prospérité dans votre vie.

En visualisant vos objectifs, vous pouvez entraîner votre cerveau à se concentrer sur le résultat souhaité et augmenter votre motivation à agir.

6. Créer un tableau de vision

Un tableau de vision est une représentation visuelle de vos objectifs et aspirations.

En créant un tableau de vision, vous pouvez garder vos objectifs et vos aspirations au premier plan de votre esprit et attirer l'abondance dans votre vie.

7. Visualiser dans un état de demi-transe

Visualiser dans un état de demi-transe peut vous aider à puiser dans votre subconscient et à attirer l'abondance dans votre vie.

Pour visualiser dans un état de demi-transe, vous devez vous concentrer sur votre respiration, détendre votre corps et visualiser vos objectifs et vos aspirations en détail.

8. Affirmations et discours intérieur positif

Les affirmations et le discours intérieur positif sont des outils puissants pour attirer l'abondance et la prospérité dans votre vie.

En utilisant des affirmations et un discours intérieur positif, vous pouvez cultiver un état d'esprit positif et abondant et entraîner votre cerveau à penser comme un millionnaire.

9. Élaborer des affirmations puissantes pour la richesse et le succès

Pour élaborer des affirmations puissantes de richesse et de réussite, vous devez vous concentrer sur des déclarations positives et responsabilisantes qui correspondent à vos objectifs et à vos aspirations.

En élaborant des affirmations puissantes, vous pouvez attirer l'abondance et la prospérité dans votre vie.

10. Mettre en œuvre des affirmations dans votre routine quotidienne

Pour mettre en œuvre des affirmations dans votre routine quotidienne, vous devez les intégrer régulièrement à votre journée, par exemple tôt le matin ou avant de vous coucher.

En mettant en œuvre des affirmations dans votre routine quotidienne, vous pouvez entraîner votre cerveau à penser positivement et à attirer l'abondance dans votre vie.

11. Établissement d'objectifs et planification d'action

L'établissement d'objectifs et la planification d'actions sont essentiels pour attirer l'abondance et la prospérité dans votre vie.

En vous fixant des objectifs spécifiques et mesurables et en prenant des mesures pour les atteindre, vous pouvez attirer l'abondance et la prospérité dans votre vie.

Chapitre 30 : Le chemin vers une pensée et une vie millionnaire

Dans ce livre, nous avons exploré la loi de l'attraction et son puissant impact sur la richesse et le succès. En comprenant la science de l'attraction et en développant un état d'esprit millionnaire, vous pouvez exploiter le pouvoir de vos pensées et de vos croyances pour attirer l'abondance dans votre vie.

Nous avons examiné l'importance de la visualisation et de l'établissement d'objectifs, les avantages des affirmations et du discours intérieur positif, ainsi que les stratégies permettant de surmonter les croyances limitantes et les obstacles.

Afin de tirer le meilleur parti de la loi de l'attraction, il est important de bien comprendre ce que vous voulez et de prendre des mesures cohérentes et ciblées pour atteindre vos objectifs. N'oubliez pas que la richesse et le succès ne sont pas seulement une question d'argent : ils englobent également la santé, les relations et le bonheur.

Alors que vous vous lancez dans ce voyage de pensée et de vie de millionnaire, il est important d'être patient et persévérant. Le succès n'est pas une destination, mais un voyage. Adoptez le processus et soyez ouvert à de nouvelles opportunités et expériences.

N'oubliez pas que vous êtes maître de vos propres pensées et croyances et que vous avez le pouvoir de façonner votre réalité. En continuant à vous concentrer sur vos objectifs, à visualiser le succès et à agir pour réaliser vos rêves, vous pourrez réaliser la vie de vos rêves.

Les principaux points à retenir de ce livre sont les suivants :

La loi de l'attraction est une force puissante qui peut vous aider à attirer la richesse et le succès dans votre vie.

Développer un état d'esprit millionnaire et des convictions positives est crucial pour réussir

La visualisation, les affirmations et la définition d'objectifs sont des outils puissants pour attirer l'abondance.

Surmonter les croyances limitantes et les obstacles est une partie importante du voyage

Une action cohérente et ciblée est nécessaire pour donner vie à vos objectifs.

Nous espérons que ce livre vous a fourni des informations précieuses et des stratégies pratiques pour penser comme un millionnaire et vivre une vie d'abondance. Le chemin du succès et de la richesse vous est ouvert : il vous suffit de faire le premier pas.

La « Section Bonus » du livre est une section supplémentaire qui fournit aux lecteurs des ressources et des informations supplémentaires pour les soutenir dans leur cheminement vers une pensée et une vie millionnaire. Cette section peut inclure des éléments tels que :

Feuilles de travail et exercices pour aider les lecteurs à mettre en pratique ce qu'ils ont appris

Conseils et stratégies supplémentaires pour utiliser la loi de l'attraction pour attirer la richesse et le succès

Des histoires de réussite inspirantes d'individus qui ont utilisé la loi de l'attraction pour transformer leur vie

Recommandations de lectures complémentaires et ressources pour la croissance et le développement personnels.

Cette section bonus sert de complément au contenu principal du livre, fournissant aux lecteurs des outils et des informations supplémentaires pour les soutenir dans leur voyage vers une pensée et une vie millionnaire.

Chapitre 31 : Méditation pour la richesse et l'abondance

Introduction:

La méditation est reconnue depuis longtemps comme un outil puissant pour promouvoir le bien-être physique, mental et émotionnel. Dans ce chapitre, nous explorerons le rôle que la méditation peut jouer pour attirer la richesse et l'abondance dans votre vie. En incorporant des pratiques de méditation régulières à votre routine quotidienne, vous pouvez exploiter le pouvoir de la loi de l'attraction et manifester la réussite financière et l'abondance que vous désirez.

Les bienfaits de la méditation pour la richesse et l'abondance :

Il existe de nombreuses façons par lesquelles la méditation peut vous soutenir dans votre voyage vers la richesse et l'abondance. Certains des principaux avantages comprennent :

Clarté et concentration accrues : en prenant le temps de calmer votre esprit et de vous concentrer sur votre respiration, vous pouvez développer une plus grande clarté et une plus grande concentration. Cela peut vous aider à rester motivé et sur la bonne voie pour atteindre vos objectifs financiers, même face aux obstacles et aux revers.

Augmentation de la pensée positive et de l'estime de soi : la méditation peut vous aider à cultiver un état d'esprit positif, à réduire le stress et à augmenter le sentiment de valeur et d'estime de soi. En vous sentant bien dans votre peau, vous serez mieux équipé pour attirer l'abondance et le succès que vous désirez.

Compétences de visualisation améliorées : la méditation peut vous aider à développer et à améliorer vos compétences de visualisation. En visualisant régulièrement les résultats souhaités, vous pouvez rapprocher vos objectifs et vos désirs de votre réalité.

Comment pratiquer la méditation pour la richesse et l'abondance :

Pour tirer le meilleur parti de la méditation sur la richesse et l'abondance, il est important de la pratiquer régulièrement. Voici quelques étapes que vous pouvez suivre pour commencer :

Choisissez un endroit calme et paisible où vous ne serez pas dérangé.

Asseyez-vous confortablement et fermez les yeux.

Concentrez-vous sur votre respiration et laissez votre esprit s'immobiliser.

Visualisez-vous entouré d'abondance et de prospérité. Imaginez-vous dans une situation financière heureuse et sûre, avec suffisamment d'argent pour faire tout ce que vous voulez faire.

Répétez-vous des affirmations positives, telles que « Je suis riche et prospère », « L'argent coule facilement dans ma vie » ou « Je mérite l'abondance et la prospérité ».

Continuez à méditer aussi longtemps que vous vous sentez à l'aise, généralement entre 10 et 20 minutes.

Conclusion:

La méditation est un outil puissant pour attirer la richesse et l'abondance dans votre vie. En intégrant des pratiques de méditation régulières à votre routine quotidienne, vous pouvez exploiter le pouvoir de la loi de l'attraction, augmenter votre pensée positive et améliorer vos capacités de visualisation. Que vous commenciez tout juste votre voyage vers la richesse et l'abondance ou que vous cherchiez à approfondir vos pratiques existantes, la méditation peut vous aider à manifester la réussite financière et la prospérité que vous désirez.

Chapitre 32 : Lectures complémentaires

Livres recommandés pour approfondir vos connaissances et votre pratique de la loi de l'attraction

Félicitations pour avoir terminé ce livre sur la loi de l'attraction ! J'espère que vous avez trouvé ce livre informatif et utile dans votre cheminement personnel vers la manifestation de vos rêves et de vos désirs.

Alors que vous continuez à explorer la loi de l'attraction, il existe de nombreux autres livres et ressources qui peuvent vous fournir des informations et des conseils supplémentaires. Voici quelques recommandations :

"Le Secret" de Rhonda Byrne - Ce livre est un classique du genre de la loi de l'attraction et fournit un aperçu approfondi des principes et des techniques de la loi de l'attraction.

"Réfléchissez et devenez riche" de Napoléon Hill - Ce livre est un classique intemporel qui explore le pouvoir de la pensée positive et comment elle peut conduire au succès dans tous les domaines de la vie.

"Vous êtes un dur à cuire : comment arrêter de douter de votre grandeur et commencer à vivre une vie géniale" par Jen Sincero - Ce livre propose une approche humoristique et pertinente de la loi de l'attraction et comment l'utiliser pour atteindre vos objectifs.

"Le pouvoir de l'intention" de Wayne Dyer - Dans ce livre, Dyer explore le pouvoir de l'intention et comment il peut vous aider à manifester vos désirs et à réussir dans tous les domaines de la vie.

"Manifestez maintenant : un processus pour identifier et inverser les croyances limitantes" par Idil Ahmed - Ce livre fournit un processus étape par étape pour identifier et libérer les croyances limitantes qui peuvent bloquer votre capacité à manifester vos désirs.

"La loi de l'attraction : les bases des enseignements d'Abraham" par Esther et Jerry Hicks - Ce livre fournit un aperçu complet des enseignements de la loi de l'attraction d'Abraham, canalisés par Esther Hicks.

N'oubliez pas que la clé du succès avec la loi de l'attraction est la cohérence, la patience et un état d'esprit positif. Continuez à pratiquer les techniques et les exercices décrits dans ce livre et continuez à vous renseigner grâce à la lecture et à d'autres ressources. Avec dévouement et persévérance, vous pouvez réaliser la vie de vos rêves.

Chapitre 33. Masterclass sur la loi de l'attraction et la mentalité financière

Introduction :

La Masterclass sur la loi de l'attraction et la mentalité monétaire est un programme complet conçu pour vous aider à comprendre et à appliquer les principes de la loi de l'attraction dans votre vie, en particulier dans le domaine de la richesse et de l'abondance. Le programme est conçu pour vous emmener dans un voyage de découverte de soi, où vous apprendrez à entraîner votre cerveau à penser comme un millionnaire et à attirer plus d'argent dans votre vie.

Module 1 : Comprendre la loi de l'attraction

Dans ce module, vous approfondirez la science de la loi de l'attraction et son fonctionnement. Vous découvrirez les différentes lois de l'univers, telles que la loi de vibration, la loi de l'attraction et la loi de l'allocation, et leur lien avec votre bien-être financier. Vous apprendrez également comment vos pensées et vos émotions affectent votre réalité et comment vous pouvez utiliser la loi de l'attraction pour créer la vie que vous désirez.

Module 2 : L'état d'esprit millionnaire

Ce module se concentrera sur le développement d'un état d'esprit millionnaire. Vous découvrirez les croyances et les habitudes que possèdent les personnes riches et prospères, et comment vous pouvez adopter ces caractéristiques pour attirer plus d'argent dans votre vie. Vous découvrirez également le pouvoir de la visualisation et des affirmations et comment elles peuvent vous aider à manifester les résultats financiers souhaités.

Module 3 : La science de l'attraction

Dans ce module, vous plongerez dans la science de l'attraction et découvrirez le rôle que jouent vos pensées, vos émotions et vos croyances dans la création de votre réalité. Vous découvrirez le pouvoir de la pensée positive et comment elle peut vous aider à attirer plus d'argent dans votre vie. Vous découvrirez également l'importance de la pleine conscience et de la méditation, et comment elles peuvent vous aider à rester concentré sur vos objectifs.

Module 4 : Création d'un tableau de vision

Dans ce module, vous découvrirez le pouvoir de la visualisation et comment vous pouvez l'utiliser pour attirer plus d'argent dans votre vie. Vous apprendrez à créer un tableau de vision et à l'utiliser pour manifester les résultats financiers souhaités. Vous découvrirez également l'importance d'avoir des objectifs spécifiques et mesurables et comment utiliser votre tableau de vision pour vous aider à les atteindre.

Module 5 : Affirmations et discours intérieur positif

Dans ce module, vous découvrirez le pouvoir des affirmations et du discours intérieur positif et comment vous pouvez les utiliser pour attirer plus d'argent dans votre vie. Vous apprendrez à élaborer des affirmations puissantes qui correspondent à vos objectifs et à les utiliser dans votre routine quotidienne pour manifester les résultats financiers souhaités.

Module 6 : Mettre en œuvre des affirmations dans votre routine quotidienne

Dans ce module, vous découvrirez l'importance de mettre en œuvre des affirmations dans votre routine quotidienne. Vous apprendrez comment intégrer les affirmations à votre vie quotidienne et comment les utiliser pour reprogrammer votre subconscient et attirer plus d'argent dans votre vie.

Module 7 : Établissement d'objectifs et planification d'action

Dans ce module, vous découvrirez l'importance de l'établissement d'objectifs et de la planification d'actions. Vous apprendrez à définir des objectifs spécifiques, mesurables, réalisables, pertinents et limités dans le temps (SMART), et à créer un plan d'action pour les atteindre. Vous découvrirez également l'importance d'agir et comment rester motivé et concentré sur vos objectifs.

Module 8 : Surmonter les croyances limitantes et les obstacles

Dans ce module, vous découvrirez les croyances limitantes qui vous empêchent d'attirer plus d'argent dans votre vie. Vous apprendrez à identifier et à surmonter ces croyances limitantes et à gérer les obstacles et les revers qui peuvent survenir sur votre chemin vers la liberté financière.

Chapitre 34 : Masterclass avancé sur la loi de l'attraction et la mentalité monétaire

Dans ce chapitre, nous approfondirons les étapes spécifiques que vous pouvez suivre pour incarner pleinement l'état d'esprit millionnaire et attirer l'abondance et la prospérité dans votre vie. Cette section servira de masterclass complète, couvrant tous les éléments clés de la loi de l'attraction et comment les appliquer à votre situation financière.

Tout d'abord, nous passerons en revue les bases de la loi de l'attraction, notamment l'importance de concentrer vos pensées et vos émotions sur ce que vous souhaitez attirer, plutôt que sur ce que vous ne voulez pas. Nous aborderons également le pouvoir de la gratitude et comment vous concentrer sur ce pour quoi vous êtes reconnaissant peut vous aider à manifester davantage ce que vous voulez.

Nous explorerons ensuite les changements de mentalité spécifiques liés à l'argent que vous devez opérer pour commencer à attirer la richesse et l'abondance. Cela impliquera de comprendre votre relation avec l'argent, de changer vos croyances sur l'abondance et de développer une conscience de prospérité.

Nous aborderons également l'importance d'agir de manière inspirée et comment aligner vos pensées, vos émotions et vos actions sur vos objectifs. Cela implique de fixer des objectifs spécifiques, mesurables et réalisables, et de prendre des mesures pour les atteindre au quotidien.

Enfin, nous discuterons du rôle de la visualisation et des affirmations dans la manifestation de la richesse et de l'abondance. Nous passerons en revue diverses techniques de visualisation et d'affirmation et vous montrerons comment les intégrer dans votre routine quotidienne pour une efficacité maximale.

À la fin de cette section, vous comprendrez clairement comment exploiter le pouvoir de la loi de l'attraction pour attirer l'abondance et la prospérité dans votre vie, et disposerez de tous les outils dont vous avez besoin pour commencer à penser et à agir comme un millionnaire.

Chapitre 35 : Outils et ressources pour une croissance et un succès continus

Le voyage pour devenir millionnaire grâce à la loi de l'attraction n'est pas un événement ponctuel, mais un processus continu de croissance et de développement. Afin de maintenir et d'améliorer l'état d'esprit et les habitudes qui mèneront au succès, il est important d'avoir accès à des ressources et à des outils qui soutiendront vos efforts continus.

A. Livres et ressources audio : Il existe de nombreux livres et ressources audio disponibles sur la loi de l'attraction, la croissance personnelle et la création de richesse. Ces ressources peuvent vous fournir de nouvelles perspectives et idées pour vous aider à rester motivé et sur la bonne voie pour atteindre vos objectifs.

B. Cours et ateliers en ligne : les cours et ateliers en ligne peuvent vous fournir une formation et des instructions approfondies sur des aspects spécifiques de la loi de l'attraction, tels que l'établissement d'objectifs, la visualisation et les affirmations. Ces cours peuvent être un excellent moyen d'approfondir votre compréhension de ces concepts et d'acquérir de nouvelles compétences et techniques pour vous aider à manifester vos objectifs.

C. Communautés de soutien : Rejoindre une communauté de soutien peut vous offrir l'opportunité de vous connecter avec des personnes partageant les mêmes idées et qui sont également sur la voie de la liberté financière. Ces communautés peuvent vous apporter des encouragements, du soutien et des responsabilités, ce qui peut être particulièrement utile lorsque vous rencontrez des défis et des revers en cours de route.

D. Coaching et mentorat : Travailler avec un coach ou un mentor peut vous fournir des conseils et un soutien personnalisés pendant que vous travaillez pour atteindre vos objectifs financiers. Ce type de soutien individuel peut vous aider à rester motivé, à surmonter les obstacles et à progresser plus rapidement vers vos objectifs.

E. Outils de développement personnel : les outils de développement personnel tels que les journaux, les planificateurs et les tableaux de vision peuvent être extrêmement utiles pour vous permettre de rester concentré et sur la bonne voie pour atteindre vos objectifs. Examiner régulièrement vos objectifs et vos progrès peut vous aider à rester motivé et sur la bonne voie pour atteindre les résultats souhaités.

En conclusion, avoir accès à une variété d'outils et de ressources peut vous aider à maintenir et à améliorer l'état d'esprit et les habitudes de millionnaire qui mèneront à votre succès. Alors que vous poursuivez votre chemin vers la liberté financière, profitez de ces ressources et outils pour rester concentré, motivé et sur la bonne voie pour atteindre vos objectifs.

Merci

Chers lecteurs et auditeurs,

Je tiens à exprimer ma sincère gratitude à chacun d'entre vous qui a pris le temps de lire ou d'écouter ce livre. J'espère le plus sincèrement que les connaissances et les idées partagées dans ce livre vous seront utiles dans votre vie personnelle et professionnelle.

Ce fut un voyage incroyable d'écrire ce livre et d'approfondir les principes de la loi de l'attraction. Mon objectif en écrivant ce livre était d'aider les autres à comprendre le pouvoir de leurs pensées et de leurs émotions, et comment ils peuvent utiliser ce pouvoir pour manifester leurs rêves et leurs désirs. Je crois que la loi de l'attraction est un outil qui peut être utilisé pour créer une vie plus heureuse et plus épanouissante, et j'espère que vous avez constaté que cela est également vrai pour vous.

Je souhaite encourager chacun d'entre vous à continuer d'explorer les principes de la loi de l'attraction et à les appliquer dans votre vie quotidienne. N'oubliez pas que vos pensées et vos émotions sont des forces puissantes qui peuvent façonner votre réalité et que vous avez la capacité de manifester la vie que vous désirez.

De plus, j'aimerais vous inviter à partager avec moi vos réussites. Si vous avez connu du succès dans votre vie grâce à la pratique des principes de la loi de l'attraction, partagez votre histoire avec moi. Je collectionne des histoires à publier dans ma prochaine édition et j'ai l'intention de les compiler dans un livre.

Nous pensons que partager des histoires de réussite peut être incroyablement inspirant pour ceux qui cherchent à utiliser la loi de l'attraction pour créer un changement positif dans leur propre vie. C'est pourquoi nous aimerions inviter tous nos lecteurs et auditeurs à partager leurs histoires avec nous.

Avez-vous utilisé la loi de l'attraction pour manifester quelque chose que vous souhaitiez depuis longtemps ? Cela vous a-t-il aidé à surmonter un défi ou à transformer une situation difficile en une situation positive ? Nous voulons en entendre parler !

Votre histoire peut être aussi courte ou aussi longue que vous le souhaitez, et vous pouvez choisir de rester anonyme ou d'utiliser un surnom si vous préférez. Nous souhaitons respecter votre vie privée tout en partageant votre histoire inspirante avec d'autres personnes qui suivent un parcours similaire.

Si vous souhaitez partager votre histoire avec nous, veuillez envoyer un e-mail à **tpopat@gmail.com** avec pour objet « Histoire de réussite de la loi de l'attraction ». Nous examinerons toutes les soumissions et en sélectionnerons quelques-unes à inclure dans notre prochaine édition.

En partageant votre réussite, vous pouvez contribuer à inspirer et à motiver les autres à utiliser la loi de l'attraction pour créer des changements positifs dans leur vie. Nous avons hâte d'avoir de tes nouvelles!

Merci pour votre soutien et d'avoir choisi de lire ou d'écouter ce livre. J'espère que vous continuerez à me suivre dans mon voyage et j'ai hâte de partager plus de connaissances et d'idées avec vous dans mes futurs livres.

Avec amour et gratitude,

Tony Tushar Popat

Quatrième de couverture:

Ce livre est une lecture incontournable pour quiconque cherche de l'inspiration et des conseils sur la façon de surmonter les obstacles et de réussir. Rejoignez Tony Tushar Popat dans son voyage vers la réussite et le bonheur, et découvrez les principes et les techniques qui l'ont aidé à atteindre ses objectifs. Que vous soyez étudiant, professionnel ou entrepreneur, ce livre est fait pour vous. Ne manquez pas cette opportunité de transformer votre vie et de réaliser vos rêves.